LESBIANDADE

FEMINISMOS
PLURAIS
COORDENAÇÃO
DJAMILA **RIBEIRO**

DEDÊ
FATUMMA

LESBIANDADE

FEMINISMOS
PLURAIS
COORDENAÇÃO
DJAMILA **RIBEIRO**

DEDÊ
FATUMMA

 jandaira

SÃO PAULO | 2023

Copyright © Dedê Fatumma, 2023

Todos os direitos reservados à Editora Jandaíra e protegidos pela Lei 9.610, de 19.2.1998. É proibida a reprodução total ou parcial sem a expressa anuência da editora.

Este livro foi revisado segundo o Novo Acordo Ortográfico da Língua Portuguesa.

Direção editorial
Lizandra Magon de Almeida
Assistência editorial
Maria Ferreira
Preparação de texto
Alice Cardoso
Revisão
Equipe Jandaíra
Projeto gráfico e diagramação
Daniel Mantovani
Foto de capa
Edilton Lopes

Dados Internacionais de Catalogação na Publicação (CIP)
(Câmara Brasileira do Livro, SP, Brasil)

Fatumma, Dedê
  Lesbiandade / Dedê Fatumma. -- 1. ed. -- São Paulo : Editora Jandaíra,
  2023. -- (Feminismo Plurais / coordenação de Djamila Ribeiro)
  Bibliografia.
  ISBN 978-65-5094-047-8
  1. Feminismo - Aspectos sociais 2. Lésbicas
  3. Lesbiandade 4. LGBT - Siglas 5. Mulheres - Aspectos sociais 6. Mulheres negras - Atividade política I. Título. II. Série.

23-162574   CDD-306.76

Índices para catálogo sistemático:
1. Brasil : Lesbiandade : Sociologia   306.76
Aline Graziele Benitez - Bibliotecária - CRB-1/3129

jandaíra

Rua Vergueiro, 2087 cj. 306 • 04101-000 • São Paulo, SP
11 3062-7909   editorajandaira.com.br
Editora Jandaíra   @editorajandaira

Odé
Para a Ialorixá Mãe Stella de Oxóssi
(Dedê Fatumma)
Odé, Odé
Não existe mata fechada, é preciso saber caminhar!
Okê Arô!
Odé, Odé,
no Sirê o atabaque chora,
Vira o Rum, é o Agueré que toca,
Odé, Odé
A caçadora vai passar, pés descalços,
Ori de Rainha, filha de Rei
Odé Kayodê, Oxóssi, Okê Arô!
Odé, Odé
não existe mata fechada, é preciso saber caminhar,
Arolé, Okê Arô!
Odé, Odé
Sapiência, olha a caça
Odé, Odé
Silêncio, olha a caça
Okê Arô
Paciência, olha a caça
Odé, Odé
Não existe mata fechada, é preciso saber caminhar
Vira o Rum, é o Agueré que toca.

AGRADECIMENTOS

Se não fosse Deus e os Orixás, ai de mim!
Se não fosse o cheiro de Rosa, aquela gargalhada, encruzilhada, ALAFIA, ai de mim!
Ai de mim se não fosse a enin, eu precisava respirar, acalmar.
Ai de mim sem os banhos de folhas, o Ossé, ai de mim.
Ai de mim sem o tambor, que rufa gratidão para a caçadora Djamila Ribeiro, a Odé que tenho muito achego, respeito e admiração, que me confiou a produção deste livro.
À minha família, que é uma orquestra inteira dentro de mim: minha mãe Vera, meu pai Jorge, meu irmão Dijomar, meu sobrinho Biel.
Eu toco meu tambor para Márcia Tavares, pela leitura final do livro, que lhe tirou o sono em pleno domingo.
Agradeço à Zelinda Barros e ao Felipe Fernandes pelas indicações teóricas. Meu batuque também vai para ela, guerreira amorosa, Carla Akotirene, que me colocou nesse barco e atravessou o mar teórico comigo.
Agradeço ao tripé de correção Tati Melo, Neila Sanco e Milena Marinho, pela escuta e pelas pausas, para evitar a exaustão. Em especial, Neila Sanco, olhos de águia, revisora gramatical.
Faço solos de gratidão a Valdecir Nascimento, à Heliana Hemetério, Dandara Maria e à Ariana Mara em nome de todas as sapatonas pretas cis, trans e travestis deste mundo!

ASÉ!

SUMÁRIO

INTRODUÇÃO: SOU SAPATÃO, "SOU MINHA PRÓPRIA SORTE"! 16

SUBVERSÃO DA EXPRESSÃO DE GÊNERO:
MEU CORPO, MEU TERRITÓRIO 23

A SEMÂNTICA DOS NOSSOS CORPOS NÃO CABE EM SUA LÍNGUA 47

TROCANDO EM LÍNGUAS: RASURANDO AS HISTÓRIAS MAL CONTADAS
SOBRE NÓS 90

CULTURA DA SUBVERSÃO: LÉSBICAS NEGRAS ESTILHAÇANDO
AS IMAGENS DE CONTROLE 103

"DEIXA A GIRA GIRAR": LÉSBICAS NEGRAS E O NÃO LUGAR NOS
MOVIMENTOS 114

DAS MARÉS DE MARIELLES ÀS REVOLTAS LUANAS:
NENHUMA DE NÓS A MENOS 160

REFERÊNCIAS BIBLIOGRÁFICAS 183

FEMINISMOS
PLURAIS

O objetivo da Coleção Feminismos Plurais é apresentar ao grande público questões importantes referentes aos mais diversos feminismos, de forma didática e acessível. Proponho assim a organização desta série de livros imprescindíveis quando pensamos em produções intelectuais de grupos historicamente marginalizados, pois aqui colocamos esses grupos como sujeitos políticos.

Partimos do feminismo negro para explicitar os principais conceitos e definitivamente romper com a ideia de que não se está discutindo projetos. Ainda é muito comum se dizer que o feminismo negro traz cisões ou separações, quando é justamente o contrário. Ao nomear as opressões de raça, classe e gênero, entende-se a necessidade de não hierarquizar opressões, de não criar, como diz Angela Davis, em *As mulheres negras na construção de uma nova utopia*, "primazia de uma opressão em relação a outras". Pensar em feminismo negro é justamente romper com a cisão criada numa sociedade desigual. Logo, é pensar projetos dentro de novos marcos civilizatórios, para que pensemos um novo modelo de sociedade. E é também divulgar a produção intelectual de mulheres negras, colocando-as na condição de sujeitos e seres ativos que, historicamente, vêm fazendo resistência e reexistências.

Entendendo a linguagem como mecanismo de manutenção de poder, um dos objetivos da Coleção é o compromisso com uma linguagem didática, atenta a um léxico que dê conta de pensar nossas produções e articulações políticas, de modo que seja acessível, como nos ensinam muitas feministas negras. Isso de forma alguma é ser palatável, pois as produções de feministas negras unem uma preocupação que vincula a sofisticação intelectual com a prática política. Com vendas a um preço acessível, nosso objetivo é contribuir para a disseminação e o acesso a essas produções.

Neste volume, Dedê Fatumma expõe a construção de sua identidade como mulher negra lésbica e os caminhos percorridos para o entendimento das violências que acometem mulheres sapatonas, lésbicas e bissexuias pelo mundo. A partir de referências de feministas negras, evidencia as desigualdades intersectadas nas relações sociais de gênero, classe, raça e sexualidade, frente ao *cis*tema de poder. Sua pesquisa marca a insurgência teórica contra a hegemonia branca e rompe com ideologias historicamente construídas.

Para além deste título, a Coleção Feminismos Plurais traz também questões como encarceramento em massa, o racismo no humor, colorismo, transexualidade, empoderamento, masculinidades, lesbiandades, trabalho doméstico, entre muitos outros, sempre pautada em dar protagonismo a pensadores negros, negras de todo o Brasil, e trazendo questões essenciais para o rompimento da narrativa dominante, de modo a não sermos tão somente capítulos em compêndios que ainda pensam a questão racial como recorte.

Grada Kilomba, em seu livro *Plantation Memories*, diz:

> Esse livro pode ser concebido como um modo de "tornar-se um sujeito" porque nesses escritos eu procuro trazer à tona a realidade do racismo diário contado por mulheres negras baseado em suas subjetividades e próprias percepções. (KILOMBA, 2012, p. 12)

Sem termos a audácia de nos compararmos ao empreendimento de Kilomba, é o que também pretendemos com esta coleção. Aqui estamos falando "em nosso nome".*

DJAMILA RIBEIRO

---

* No original: "(...) in our name." HALL, Stuart. "Cultural Identity and. Diaspora". *In:* RUTHERFORD, Jonathan (ed). **Identity, community, culture difference.** Londres: Lawrence and Whishart limited, 1990, p. 222.

INTRODUÇÃO: SOU SAPATÃO, "SOU MINHA PRÓPRIA SORTE"!

Queria só ter o privilégio de escrever este livro na via do amor; no entanto, preciso dividi-lo em ambivalência entre a dor e a delícia de ser uma mulher negra lésbica, que se reconhece como sapatão — vivência subjetiva e política que transbordou e seguiu gozando e desafiando as margens opressoras como um rio afora. Para resumir, o termo "lésbica" surge como referência a uma ilha na Grécia chamada Lesbos. Lá, por volta de 600 a.C., viveu Safo, uma poeta grega que produzia trabalhos que continham menções e narrativas de mulheres dentro de um cenário de amor erótico.

Como Baiana de Salvadô, eu me apresento como sapatão negra. Essa é uma categoria política que me fortalece nos encontros afetivos e de sociabilidade com outras mulheres negras sapatonas, lésbicas e bissexuais, que resistem às estruturas da matriz de opressão e que transgridem ao *cistema cis*heterossexual que insiste em nos engarguelar. Aqui, eu me coloco para o mundo: sou sapatão, "sou minha própria sorte". A dor sempre me impulsionou para o caminho da resistência, aquele estado de erupção. A resistência provoca um sentimento de liberdade para amar outras mulheres sem amarras, sem medo e sem receio de ser tombada na próxima esquina.

Das vezes (quase sempre) que a dor insistiu em se apresentar dentro de mim, dentro deste corpo sapatão, generificado, racializado, periférico, quase sempre pulsou um sentimento que me alija do lugar de vítima para ir em busca de movimento e ação. Como evidencia a afro-americana, lésbica, poeta e intelectual Audre Lorde (2020), uma das grandes referências para as sapatonas negras, a dor produz um efeito de romper o silêncio, de não sucumbir às tramas do racismo, do patriarcado, do sexismo e da lesbofobia emaranhadas no cinismo da sociedade brasileira.

Nesta escrita, quero desnudar minha vivência como sapatão e afirmar que minha sexualidade, além de se fortalecer nas relações afetivo-sexuais e políticas com outras mulheres, se estende na minha expressão de gênero, na minha forma de vestir, de andar e de me comunicar. Uma sexualidade presente em toda expressão do meu corpo, um corpo que se constitui no mundo, que "tem cor, tem corte e a história do seu lugar".[1] Nessa composição, poetizo afetos, oferto flores através do olhar, ainda que este corpo sapatão seja lido como uma aberração aos olhos daqueles que me condenam — "ainda assim, eu vou me levantar [...] como a esperança emergindo na desgraça, eu vou me levantar".[2] Levanto-me contra a imposição da cisheterossexualidade, que está disposta a me matar por não corresponder à sexualidade dita "normal".

É deste modo que estruturas de raça, classe, gênero e sexualidade, articuladas com categorias patologizantes das ciências biomédicas, tendem a me enclausurar, uma vez que a minha existência política sapatão é julgada como irregular e subverte as leis daqueles que "exercem seus podres poderes".[3] Eles, que me condenam como suja, anormal, imoral, desviante,

---

1. "Um corpo no mundo" (2017), canção da artista, cantora e compositora Luedji Luna. A canção soa como oferenda ancestral, "ainda que não queiram não", é cantando o amor e a espiritualidade que a artista nos conduz à guiança de pertencer a si, a afirmar a nossa identidade étnico-racial e a não silenciar as tramas da colonialidade. Disponível em: https://almapreta.com/sessao/cultura/luedji-luna-corpo-mundo. Acesso em: 15 jun. 2023..

2. "Ainda assim eu me levanto", poesia de Maya Angelou, publicado em 1978. É um manifesto de resistência contra as matrizes de opressão e faz conexão com elementos da natureza, honrando nossos ancestrais. Disponível em: https://www.geledes.org.br/maya-angelou-ainda-assim-eu-me-levanto/. Acesso em: 15 jun. 2023.

3. "Podres Poderes" (1984), canção de Caetano Veloso como resposta às arbitrariedades da ditadura militar vivenciada no Brasil. Disponível em: https://www.letras.mus.br/blog/analise-musica-podres-poderes/. Acesso em: 15 jun. 2023

doente e passível de tratamento, são encarregados de produzir diagnósticos e receitas com os "remédios" do moralismo, do fundamentalismo e da lesbofobia, direcionados para a minha forma de viver.

Esses discursos se amparam no heterocentrismo, que entende as identidades de gênero e orientação sexual confinando-as em um padrão sexual normativo, e isso envolve relações de poder, ou seja, "um conjunto de discursos sociais, apropriados por vertentes científicas [...] que sujeita as orientações sexuais e, eventualmente, as identidades de gênero à primazia de uma heterossexualidade compulsória" (JESUS, 2013, p. 364).

Neste livro, cada frase e cada página é uma conexão com as vozes das Iyabás[4], que ecoam sussurrando na profundidade do meu ser. Como mulher negra sapatão, de Asé, percussionista, poeta, assistente social e mestra nos Estudos Interdisciplinares sobre Mulheres, Gênero e Femininos, pela Universidade Federal da Bahia (UFBA), escrevo com raiva, em transe, articulo tambor, poesia e epistemologia feminista negra. Não me furto às colisões contra o *cistema* do racismo, do patriarcado, do sexismo e da lesbofobia. Em vez disso, assento a mão no ritmo teórico-metodológico para alafiar caminhos de libertação. Estou disposta a cortar e vencer uma guerra androcêntrica colonizadora.

---

4. Termo que faz referência às Orixás femininas no candomblé.

Sigo orientada pela interseccionalidade e a decolonialidade para entender como as forças hegemônicas atravessam a vida das mulheres negras sapatonas, lésbicas e bissexuais, considerando que não somente a classe determina as exclusões, como também outras categorias de diferenças que atuam simultaneamente no percurso sócio-histórico da sociedade, hierarquizando as relações na dinâmica de gênero, raça, sexualidade e território (AKOTIRENE, 2018; CRENSHAW, 2002).

Minha escrita está conectada a Exu,[5] e espero que através dessa comunicação eu possa acessar outras mulheres e ofertar este livro como mais uma ferramenta que nos impulsione a alcançar o bem viver e celebrar as nossas lesbiandades. Clamo ao dono dos meus caminhos, Oxóssi,[6] para vencer as guerras internas com coragem, paciência, e seguir em busca da caça epistemológica decolonial, porque não existe mata fechada — é preciso saber caminhar. Que com a espada de Ogum,[7] eu possa cortar as correntes teóricas de opressão e exploração.

---

5. No candomblé, Exu é um dos maiores Orixás — um tipo de divindade. É uma espécie de mensageiro, que faz a ponte entre o humano e o divino e muitas vezes é descrito como sendo travesso, fiel e justo. Leia mais em: https://super.abril.com.br/mundo-estranho/o-que-e-um--exu/. Acesso em: 15 jun. 2023.

6. "Senhor da Caça" (OGBEBARA, 2006, p. 35) do livro *Igbadu, A cabaça da Existência*.

7. "Senhor das Guerras e dos Caminhos" (OGBEBARA, 2006, p. 34) do livro *Igbadu, A cabaça da Existência*.

Ogum me tira da cama soprando a coragem nos meus pulmões. Eu sinto Ogum quando corto contra a procrastinação, vencendo demanda, o medo, tirando a quizanga, que por ora, repousa no meu íntimo. Ogum estanca a insegurança, eleva minha estima, me prepara para as guerras mais densas: aquelas que estão dentro de mim. Com Ogum, eu tenho amor-próprio, eu brilho todos os dias com o suor dos meus esforços. Peço a minha mãe Osum[8] que fortaleça meu Ori[9] com água fresca e banho de amaci, fazendo de minha escrita uma quartinha de sabedoria, transbordando trocas afetivas e políticas com as sapatonas, lésbicas e bissexuais deste mundo.

---

8. Osum, Orixá feminina da maior importância, é considerada como uma das principais Iyámi Ajé. É invocada pelo título de Iyálode (OGBEBARA, 2006, , p. 40) do livro *Igbadu, A cabaça da Existência*.

9. Cabeça em Iorubá. Ori também pode ser considerado o Orixá pessoal na sua integridade, com toda sua grandeza. Do livro *Mulheres de Axé*, organizado por Marcos Rezende no ano de 2013.

SUBVERSÃO DA EXPRESSÃO DE GÊNERO:
MEU CORPO, MEU TERRITÓRIO

"É moleque-macho..."; "Vai dar pra ruim..."; "Vai, Sapatão...". Assim eu era chamada no auge da infância e adolescência e, como dizia minha avó: "o espinho quando tem que furar, já traz a ponta". Eu furei!

Minha corporeidade desaguava como um rio e arrebentava as margens dos discursos *cis*normativos de gênero por não apresentar a disciplina da expressão de gênero esperada para uma menina. Em conexão com a autora Jaqueline Gomes de Jesus (2012), considero que os discursos violentos eram endereçados ao meu corpo por este não fixar uma "expressão de gênero" em concordância com o comportamento "feminino". Era a roupa que eu vestia e a forma de estar no mundo que desenhavam uma rota de fuga, ao contrário da maioria das garotas, que se conformaram com uma educação que nos ensina a nos comportar de certas maneiras, "a agir e a ter uma determinada aparência, de acordo com o seu sexo biológico" (JESUS, 2012, p. 5).

As linguagens que vociferavam contra mim carregadas de ameaças, constrangimentos, olhares de repulsa, por não performar uma feminilidade hegemônica, tanto na infância quanto na adolescência, fizeram com que eu assumisse ainda mais um lugar de desobediência. Ainda que minha identidade de gênero estivesse conectada com o gênero do meu nascimento, sendo eu uma pessoa *cis*gênera, isso não era suficiente: exigia-se um modelo de feminilidade, cor de roupa e performance que se inserissem nesse padrão. Eu sabia exatamente quem eu era, sabia dos meus desejos, anseios e afetos, e o que eu sentia por outras meninas; assim, passei a perceber que o meu movimento no mundo produzia sentidos e ações que iam contra as normas dicotômicas de gênero relacionadas à sexualidade.

Ao acessar a memória da infância e da adolescência, percebo que assumi uma posição avessa aos papéis de gênero estabelecidos para as meninas. Desde aquele momento, eu já expressava uma desordem nas normas frente ao pensamento *cis*heterossexual enraizado na minha família e na minha comunidade.

Importa rememorar a trajetória da minha infância sem a pretensão de repousar nela, mas de refletir como essa experiência foi fundamental para a construção da minha identidade, que é múltipla e "cambiante" (HALL, 2006). Nessa memória, consigo identificar a repulsa aos papéis de gênero oferecidos na infância. Eu observava os diferentes tratos entre mim e meus irmãos, e silenciar a isso era negar a minha própria existência.

A socióloga nigeriana Oyèrónké Oyewùmí (2019) apresenta análises críticas de gênero na constituição de família projetada pelo Ocidente, visão que constrói privilégios para os homens e enclausura as mulheres em espaços de subalternidades, produzindo diferenças desde a infância. A autora afirma que, na experiência africana, a categoria gênero é inexistente, ao passo que, na construção das famílias Iorubás, as relações sociais apresentam-se a partir da "senioridade"— ou seja, "a idade cronológica" que é fundante nas relações em vez do gênero. Para Oyewùmí (2019, p. 177) "a palavra *'egbon'* refere-se ao irmão ou à irmã mais velho(a), e *'aburo'* ao irmão ou à irmã mais novo(a). O princípio da senioridade é dinâmico e fluido, não é rígido nem estático".

Diferentemente da experiência das famílias Iorubás, elucidada por Oyewùmí (2019), foi na minha infância que percebi as hierarquias de gênero sendo construídas socialmente como uma obrigação, disfarçadas de brincadeiras, moldando as nossas trajetórias entre irmãos, confabulando o projeto opressor das relações de gênero e que por muitas vezes interditando a expressão completa de minha subjetividade.

Oyewùmí (2019, p. 175) enfatiza que, na concepção ocidental, a categoria "gênero é o princípio organizacional fundamental da família, e as distinções de gênero são as primeiras fontes da hierarquia e da opressão dentro da família nuclear". Esse modelo colonial e burguês de família, lamentavelmente, se infiltrou na constituição das relações das famílias negras em diáspora brasileira.

Nos estudos sobre famílias e relações de gênero no Brasil, as autoras Goldani (2000; 2005) e Macêdo (2001) observam que questões como as transformações demográficas, sociais e econômicas, oriundas do advento da industrialização do capitalismo moderno, influenciaram nas transformações dos modelos de famílias que continuam em recorrente ressignificação, longe de se expressarem de maneira estática.

Na saga da infância, na tentativa de subverter as relações assimétricas entre mim e meus irmãos, eu desobedecia a lógica de brincar de bonecas em prol de brincadeiras mais emocionantes, fato encarado por meu pai como "rebeldia". Trago na memória a construção de uma casa de madeira que, segundo mainha, aos risos, era "um barraco". A casa foi feita em um terreno baldio em frente à minha residência, e ainda recordo as cenas em que entrava no mato sozinha em busca de folhas de bananeira e palhas de coqueiro para fazer o telhado. Eu tinha entre nove e dez anos de idade e era dentro dessa casinha que eu podia respirar, em companhia da minha solidão.

O que isso significava? Hoje eu acredito que era um caminho possível para escapar das desigualdades de gênero e seus mecanismos de opressão presentes no interior de minha família. Os efeitos subjetivos dessa desobediência, de assumir essa tal "rebeldia" cunhada por meu pai, era o vento soprando liberdade dentro de mim.

Por que carrego essa memória tão vívida em mim? O que me impulsionava a sair de casa? Que sentimento era esse a ponto de me levar a aventurar e a desbravar outros caminhos? Entre minhas amigas de infância, eu era a única que recusava a "camisa de força" da hierarquização de gênero. Chimamanda Ngozi Adichie (2017, p. 26) aborda que "se não empregarmos a camisa de força do gênero nas crianças pequenas, daremos a elas espaços para alcançar todo o seu potencial".

Essa indisciplina se manifestou potencialmente com a arte, o tambor deu ritmo aos meus passos. Dancei com meu corpo para me esquivar da naturalização e da romantização conferida a esses papéis que me custaram divergências familiares terríveis. Eu seguia com o tambor entre minhas pernas, fazendo minha festa, tocando sozinha as músicas dos blocos afros Olodum e Ilê Aiyê a fim de desafiar o mundo, e com o tambor exaltei a minha beleza negra e enfrentei os obstáculos materializados pelo racismo. Lorde (2020), em seu poema

"Daomé"[10], diz que foi "carregando dois tambores em [sua] cabeça" que aprendeu a falar o "idioma necessário para afiar as lâminas da [sua] língua".

Através do tambor, diminuí os efeitos negativos e vexatórios causados pela música "Fricote", de Luiz Caldas, que diz "nega do cabelo duro que não gosta de pentear". Eu só tinha cinco anos, era, uma criança negra, de cabelo crespo, alvejada em sua subjetividade pelo racismo recreativo, termo cunhado por Moreira (2019)[11]. Imagina a dor? Imagina ser uma criança negra em uma sociedade que é forjada pela ditadura da estética branca dita como universal e dominante?

O tambor me conectava com outras produções de sentidos, conseguia me desviar da imposição dos papéis de gênero, que é íntima do patriarcado e operava fortemente no comportamento de minha família. Eu observava o medo do meu pai em ver sua filha, que, segundo ele, "gostava de fazer as coisas de menino". O despertar da sexualidade na minha infância e adolescência foi tomado como um lugar de desconforto pela minha família. Sobre esse efeito em torno da sexualidade, Louro (2000, p. 17) explica que ela, tendo em vista a mentalidade cisheteronormativa:

---

10. Poema "Daomé" p. 39), publicado no livro *A unicórnia preta*, publicado no Brasil em 2020.

11. Para mais informações sobre o conceito de racismo recreativo veja a obra do autor Adilson Moreira (2019) desta coleção Feminismos Plurais.

[...] deverá ser adiada para mais tarde, para depois da escola, para a vida adulta. É preciso manter a 'inocência' e a 'pureza' das crianças (e, se possível, dos adolescentes), ainda que isso implique no silenciamento e na negação da curiosidade e dos saberes infantis e juvenis sobre as identidades, as fantasias e as práticas sexuais. Aqueles e aquelas que se atrevem a expressar, de forma mais evidente, sua sexualidade são alvo imediato de redobrada vigilância, ficam 'marcados' como figuras que se desviam do esperado .

Queria apenas ser livre feito o vento, sem a interferência dos adultos enviesados pelas normas de gênero. Na infância, enquanto as meninas estavam sendo "presenteadas", leia-se: "ensinadas" a se familiarizar com o universo doméstico — como brincar de boneca, cozinhar — e a assumir identidades emocionalmente frágeis, eu só queria seguir meus desejos, tocar o meu tambor e alcançar a liberdade oferecida aos meus irmãos.

A desobediência à expressão de gênero fortaleceu a minha subjetividade enquanto criança. A recusa de exercer os padrões normativos foi importante para que eu não normalizasse violências e silenciasse diante delas, evitando seguir o modelo das mulheres de minha família, que foram ensinadas a servir e a dedicar toda sua experiência de vida aos homens.

Ainda hoje, fico angustiada e triste ao ver essas mulheres sendo sufocadas pela cultura patriarcal, emaranhada no machismo de seus companheiros, pais e irmãos, eles que, na infância, também foram vítimas desta mesma cultura. O patriarcado é um monstro que assusta a subjetividade de todas as crianças.

Apego-me à reflexão de bell hooks (2020, p. 91):

> A criança ferida dentro de muitos homens é um menino que, da primeira vez que falou suas verdades, foi silenciado pelo sadismo paterno, por um mundo patriarcal que não queria que ele reivindicasse seus reais sentimentos. A criança ferida dentro de muitas mulheres é uma menina que foi ensinada desde os primórdios da infância que deveria se tornar outra coisa que não ela mesma e negar seus verdadeiros sentimentos, para atrair e agradar os outros.

Nós somos ensinadas que a subserviência é o nosso destino. Venho de uma família enraizada na religião católica e evangélica, que se recusou a aceitar o caminho ancestral, colocando as religiões de matriz africana como manifestações do "demônio". Eu me recusei a dizer "amém" às religiões eurocêntricas, que emergem como um *cistema* de poder e contribuem com a naturalização das desigualdades de gênero, rezando suas ideologias de forma a controlar e a aniquilar, sem piedade, a nossa existência.

Existir fora desses padrões me custou marcas provocadas por narrativas vexatórias. Não à toa, muitas vezes fui para a mata buscar folhas de bananeira e palhas de coqueiro para meu telhado. Meu "barraco" era o meu refúgio, meu gozo, molhando o desejo em busca da liberdade. Na época, eu não tinha acesso a qualquer teoria, eu só seguia meus sentimentos. A sensação de não pertencimento às doutrinas religiosas e aos papéis de gênero na infância e adolescência rendeu o título de moleque-macho e ovelha rebelde da família — meu pai vivia dizendo que ia "cortar minha asa e a borracha do meu badogue", por causa da minha ousadia. Mal sabia ele que ninguém jamais poderia cortar o vento que soprava liberdade em meus pulmões. Assinei um contrato com o Tempo, de pertencer a mim e crescer genuinamente amando as mulheres.

1.1 A SEXUALIDADE SUFOCADA NO ARMÁRIO: A SENSAÇÃO DE MORTE EM VIDA

O lugar do armário se configurou, por um tempo, como um espaço de aprisionamento, que eu defino como uma morte em vida. Quando confrontei esse lugar, eu sabia que estava fora da ordem, provocando desordem. Precisei travar batalhas internas para poder vencer guerras contra a sexualidade hegemônica, angariada por estruturas dominantes.

Tomo emprestado o pensamento de Foucault (1988, p. 9) acerca da história da sexualidade:

> diz-se que no início do século 17 ainda vigorava uma certa franqueza. As práticas não procuravam o segredo; as palavras eram ditas sem reticência excessiva e, as coisas, sem demasiado disfarce; tinha-se com o ilícito uma tolerante familiaridade.

Já nos séculos 18 e 19, a vivência da sexualidade operou como um mecanismo de poder, um dispositivo que se materializa como uma tecnologia de opressão e exploração. Ele estava presente nas instituições e organizações, no âmbito de práticas e discursos à base da moral fundamentalista, que agenciam a dinâmica das relações, criando hierarquias sexuais entre homens e mulheres nas dimensões sociais, econômicas, políticas, históricas e culturais (FOUCAULT, 1988).

Ainda no século 21, a sexualidade prevalece excessivamente sob o crivo das religiões fundamentalistas. Entender a sexualidade como um dispositivo de poder, na linguagem de Foucault, endossa quanto ela atua nas dimensões da vida e na manutenção cultural da *cis*heterossexualidade contra o meu corpo, que é racializado, sexualmente dissidente e que ousa questionar os discursos que legitimam a política sexual hegemônica.

É nesse caminho que Crenshaw (2002) e Akotirene (2018) são intransigentes ao problematizar que, se não utilizarmos a interseccionalidade para dimensionar os efeitos de outras categorias de opressão que envolvem as relações de gênero, classe, raça, geração, território e outros marcadores de diferenças, construídas cultural e socialmente, o olhar essencialista e biologizante continuará produzindo violência na esfera da sexualidade.

Oyewùmí (2021) chama atenção para o fato de que a sexualidade oriunda do Ocidente segue refém da colonização, o que implica no aprisionamento da sexualidade não hegemônica. Precisei desafiar as crenças fundamentalistas, senão seria engolida por instituições como igrejas e escolas, aparelhos do Estado que organizam e estruturam a vida em sociedade. Assim, até chegar à saída do armário, foi necessário desconstruir ideologias conservadoras e moralistas que repousavam no imaginário da minha família.

Em relação ao conceito de ideologias, me atento às análises de Neusa Santos Souza (1983, p. 74), ao considerar que elas operam nas relações e no comportamento social, nas crenças e nas representações de imagens que conformam a produção de discurso, funcionando como um "dispositivo social que serve aos fins de organizar um saber acerca dos mais diversos aspectos da vida humana".

Louro (2000) expõe que a sexualidade pode se expressar em dois caminhos: no campo do privado, ocupando um não lugar, que pelo medo das violências se constituiu no abafamento e no mofo do armário, e está presa no constrangimento, na vergonha, na lógica do subentendido, vivido nos becos e vielas, nos apuros do perigo. Essa é a vivência sexual que está localizada no silenciamento, a homossexual. A outra forma de sexualidade é a dominante, que transita pela esfera pública, presente na sociedade e nas relações sociais, institucionalmente autorizada e privilegiada (LOURO, 2000).

Em seu texto "Rumo a uma nova consciência", a lésbica chicana e intelectual Gloria Anzaldúa (2005) analisa as tramas de uma cultura baseada em crenças e valores dominantes, uma cultura presa em conceitos rigorosos que controlam o corpo das mulheres. Tomar um "contraposicionamento" referente a sexualidade me permitiu uma autodefinição que vai contra as regras conservadoras. Esse caminho desviante legitimou meus desejos e meus afetos, a ponto de impulsionar rotas de fuga em busca da minha liberdade.

A saída do armário não se reduz à sexualidade. Além de ser um ato de coragem, rebeldia e fortalecimento de identidade na sociedade, foi importante para me afirmar dentro do meu lar. Eu precisei assumir uma postura rígida num simples café da manhã a fim de evitar que eu e a minha companheira aceitássemos o gole amargo do constrangimento, expressão fechada do rosto de mainha, o silêncio do meu pai e o olhar julgador do meu irmão. Sair do armário é sair de mãos dadas com a minha namorada na rua, é assumir que o amor fala outras línguas e que a minha orientação sexual precisa ser respeitada; é ter o direito de existir sem ser atropelada na próxima esquina, é dizer que a *cis*heterossexualidade não se arranja para o manejo e o controle dos meus afetos sociais e sexuais. A realidade é que nossos corpos sempre estiveram em cena, protagonizando notas subversivas de desejos sexuais, contra a colonização, causando vertigem nas estruturas empoeiradas do fundamentalismo cristão, que ambiciona secar o poder do líquido que carregamos em nossas entranhas como fonte de vida.

Para a lésbica afro-americana, intelectual, poeta e ativista Cheryl Clarke (1988), se rebelar enquanto mulher lésbica é uma ameaça ao patriarcado, já que isso envolve uma sexualidade que se configura na transgressão do corpo, na autonomia, no pertencimento de si e na recusa de qualquer forma de controle. Revelar essa insurgência é romper com o medo, com a insegurança, é um levante contra o *cistema* ereto do estado patriarcal, armado até os dentes.

As instituições ancoradas na *cis*heterossexualidade excluem e julgam a nossa existência, construindo uma série de imagens depreciativas e discursivas sobre nós.

Em particular, reverberam ainda hoje as lembranças das narrativas carregadas de violências, como: "nega encardida", "nojenta" e "vai dar para o que não presta". Esses discursos eram direcionados a mim por eu não corresponder à performance de feminilidade tradicional, de gênero e de sexualidade.

Determinados discursos são justificativas para a cultura da violência contra pessoas LGBTQIA+, que sentem no corpo e na psiquê o efeito e o percurso dessas violências como o estupro corretivo, o desprezo da comunidade, a expulsão de casa, a rejeição da família, a exclusão no mercado de trabalho, dentre outras opressões que continuam sangrando na trajetória dessas pessoas. Eu mesma, estou viva, mas carrego cicatrizes.

Minha narrativa segue na contramão das falácias e práticas lesbofóbicas. Me declarar sapatão ressignificou meu ser, e produziu efeitos e contradiscursos carregados de ódio direcionados à minha existência. Assumir minha sexualidade foi para não ser comida viva, como afirma Lorde (2020). Me consagrar como um corpo no mundo, uma mulher negra em diáspora, forjada politicamente, perturbou a mente daqueles que continuam presos ao *cistema*.

Articulada com Fanon (2008, p.181), entendi que "a realidade humana em-si-para-si só consegue se realizar na luta e pelo risco que envolve". Nesses termos, minha existência só acontece quando eu dou vida a essa consciência de si/existir, dentro de um caos, me permitindo a vida, onde me querem morta. As leituras instigantes de Fanon (2008) me fizeram mergulhar na continuidade da minha história em vez do meu passado: a desobediência enquanto criança, a construção de estratégias para não sucumbir aos modelos arbitrários de invisibilidade, eu saí do compasso *cis*heteronormativo e abri caminhos para gozar com minha sexualidade no mundo. Esse caminhar é força motriz enraizada na minha espiritualidade.

As minhas relações produzidas na rua se constituíram como fundamento político-afetivo. Na rua enterrei o medo e assumi a minha orientação sexual. Sentia-me molhada, afogava-me nos desejos, sem culpa e sem medo, ainda que correndo o risco de ser posta para fora de casa. Tomo emprestado o texto "A casa e a rua", do sociólogo Espinheira (2008), que imprime a dialética entre o público e o privado, na qual a rua é o palco dos debates, do conhecimento e dos movimentos políticos. Era nesse espaço que sucediam os encontros com as amigas sapatonas, lésbicas e bissexuais. Em casa, o corpo falava, mas a voz não.

O debate sobre relações afetivo-sexuais entre mulheres desabrochava nos ensaios da primeira banda da qual participei. *Egrégoras* foi uma banda formada por catorze mulheres negras, das quais apenas três eram heterossexuais. Aos dezenove anos, eu sentia a arte roçar com a resistência, em meio aos debates políticos, entre nós mesmas — que compartilhávamos experiências de vida, vivências artísticas e sexuais. A rua foi um divisor de águas para falar e viver o que era abafado dentro de casa e, na verdade, dentro de mim.

Na mesa do bar, bebíamos a nossa sexualidade, que amargava entre os goles das desilusões e discussões que adoçavam nos afetos. Nessa constância, formava-se o "rebuceteio" — expressão muito comum inserida nas dinâmicas das relações lesboafetivas, que significa um envolvimento afetivo-sexual, entre o ficar ou namorar, com a ex-namorada de amigas, que podem estar ou não no mesmo espaço de sociabilidade. Parafraseando um trecho do poema de Carlos Drummond de Andrade intitulado "Quadrilha", publicado em sua primeira obra *Alguma Poesia* (1930), o poema trata de relações amorosas, e diz que se relacionar é uma dança composta de ritmos: quem entende o enredo constrói outro compasso, mas não perde o ritmo. Vale ressaltar que o poema é construto das relações cisheterossexuais. Aqui, me refiro às relações lesboafetivas e para exemplificar, faço um trocadilho:

Ana que amava Maria que amava Bila
que amava Carla que amava Léa que amava Nildes
que não amava ninguém.[12]

---

12. Assim como foi apresentado pela lésbica branca Angélica Morango.. Disponível em: https://blogdamorango.blogosfera.uol.com.br/2017/10/10/sabe-o-que-quer-dizer-rebuceteio-a-vida-sapatonica-e-cheia-deles/.Acesso em: 09 jun. 2023.

A *Egrégoras*, formada em sua maioria por lésbicas periféricas, rechaçava o cenário machista e cisheterossexual da música alternativa baiana. Nossos corpos denunciavam as desigualdades de gênero, raça, classe e a lesbofobia. Éramos contra as notas desarmônicas, desafinadas e violentas do cenário cultural, e, como diz Tássia Reis[13]: "é difícil jogar quando as regras servem pra decretar o meu fim". Cantávamos que a nossa sexualidade não se resumia apenas às relações sexuais, mas a um emaranhado de estruturas envolvidas num *cistema* de poder, que exclui, humilha, subalterniza e controla as mulheres.

Revisitando essa memória artivista, daquele bonde de sapatonas e bissexuais pretas que faziam a revolução com o tambor entre as pernas, eu tinha a sensação de que estava dentro do Coletivo Combahee River, que foi um movimento político de mulheres negras lésbicas afro-americanas impulsionado por Barbara Smith, em 1974. Ainda conectada com o Coletivo, a minha insurgência por meio do tambor reproduzia que "nós rejeitamos os pedestais, a realeza, e andar dez passos atrás. Sermos reconhecidas como seres humanos, no mesmo nível, é o suficiente" (COMBAHEE RIVER COLECTIVE [1977], 2013).

---

13. Mulher negra, cantora, compositora e rapper — suas canções são baseadas no afrontamento às estruturas de poder. Essa canção chama-se *"Afrontamento"*. Disponível em: https://www.youtube.com/watch?v=6MRkuIK08ZU. Acesso em: 09. jun. 2023.

O manifesto Combahee River Collective (2013) construiu epistemologias baseadas na luta política contra as discriminações no âmbito das desigualdades de raça, gênero, classe e sexualidade e apontou que as vidas das mulheres estão simultaneamente envolvidas em estruturas *cis*têmicas de opressão.

Em 1980, a americana Adrienne Rich e a francesa Monique Wittig, lésbicas brancas, protagonizaram estudos sobre a lesbianidade, questionando opressões inscritas nas diferenças sexuais, imersas nos desígnios da *cis*heterossexualidade. Ao desenvolver sobre a heterossexualidade compulsória, Rich (2010) afirma que essa é uma categoria trançada nas relações de gênero, que se reproduz nos regimes institucionais, de forma compulsória, repressiva e punitiva. Rich denomina a heterossexualidade como uma instituição que organiza o *modus* de vida, de ser e estar na sociedade dentro de uma ordem que segmenta as relações a partir de uma rigidez dos papéis de gênero, privilegiando o lugar dos homens em relação ao das mulheres.

O que está em curso são as normas de um regime regulatório *cis*heterossexual, ao designar que "nós somos parte da propriedade emocional e sexual dos homens e que a autonomia e a igualdade das mulheres ameaçam a família, a religião e o Estado" (RICH, 2010, p. 19). A autora rejeita o termo lesbianismo, que se destina às questões clínicas, fixas e patologizantes, propondo a existência de um *"continuum"* lésbico que abarca a multiplicidade do ser lésbica, que também está presente nas mulheres transexuais e travestis. Este *"continnum lésbico"*:

> inclui tanto a ruptura de um tabu quanto a rejeição de um modo compulsório de vida. É também um ataque direto e indireto ao direito masculino de ter acesso às mulheres. Mas é muito mais do que isso, de fato, embora possamos começar a percebê-la como uma forma de exprimir uma recusa ao patriarcado, um ato de resistência (RICH, 2010, p. 36).

Wittig (1980) sobre *O pensamento hétero*, ressalta que este atua em uma estrutura de linguagens, ideologias e imagens que recaem, sobremaneira, nas subjetividades das mulheres. As tramas desse pensamento constituem um escopo de discursos interessados em interditar qualquer insurgência sexual e política das mulheres e das lésbicas. Para a autora, são as lésbicas que, a partir dessa transgressão, tensionam, tanto na teoria quanto na prática, o pensamento [cis]hétero, e deslocam-se da categoria mulher, "pois 'mulher' tem significado apenas em sistemas de pensamento heterossexuais e em sistemas econômicos heterossexuais. As lésbicas não são mulheres" (WITTIG [1980], 1992, p. 6).

Retomo que, antes da saída do armário, o assujeitamento fez morada em minha subjetividade. Fui silenciada pelo regime [cis]heterossexual (CURIEL, 2011;

2014; 2019), o que me custou muitas dores: de me vestir do que não me identifico, de estar em práticas sexuais com homens e ver meus desejos distantes de mim. Confesso que fui perversa comigo! Até erguer a voz, levantar o corpo e contestar as verdades absolutas enraizadas nas crenças de minha família, foi uma batalha, e nesta, a arte surgiu como um instrumento poderoso contra a lesbofobia.

Como já mencionado anteriormente, instituições como família, religião e Estado engrenaram o processo de colonização, tecendo a submissão das mulheres (KILOMBA, 2019). Assim, qualquer deslocamento que vislumbre nossa autonomia faz com que regras empoeiradas e fantasmas do passado ressuscitem sob a ideia de defesa da moral e dos bons costumes. Kilomba (2019) nos ensina que é preciso arrancar "a máscara do silenciamento", e a saída do armário é uma forma de descolonizar o pensamento, visibilizar a sexualidade e florescer para a vida.

Ler *O espírito da intimidade*, de Sobonfu Somé (2007), se configurou como um banho de folhas que curou o meu corpo e o meu espírito dos estigmas produzidos sobre a minha orientação sexual. A autora conta que as relações homoafetivas têm fundamento na espiritualidade e, quando são distanciadas do assentamento espiritual-ancestral, a nossa existência está fadada aos olhos do regime de poder, ao abismo compulsório ocidental e acorrentada nas relações de gênero. De acordo com a explicação de Somé, é no campo espiritual que o amor alcança a genuinidade das relações. Ela fundamenta que:

> Quer admitamos ou não, existe uma dimensão espiritual em todos os relacionamentos, independentemente de sua origem. Duas pessoas unem-se porque o espírito as quer juntas. Assim, é importante ver o relacionamento como algo movido pelo espírito, e não pelo indivíduo [ou instituição] (SOMÉ, 2007, p. 25).

O amor entre mulheres, sobretudo entre mulheres negras, desce amargo na garganta daqueles que não nos enxergam como humanas. Tocando tambor, movida pela arte, gozei em mim e me embriaguei com a força do erótico nos escritos de Lorde (2019), levando minha sexualidade para os palcos. Mesmo antes de ter acesso ao conceito construído pela autora, eu já sentia essa energia quando estava compondo, tocando e fazendo poesia.

Audre Lorde nos impulsiona a usar e abusar do erótico, que, lamentavelmente, ainda é assaltado pelo patriarcado e engarguelado entre quatro paredes. O erótico "frequentemente foi deturpado pelos homens e usado contra as mulheres" (LORDE, 2019, p. 68), valendo-se de recursos como a identificação deste com o pornográfico.

Ao resgatar o erótico como uma força que emerge do íntimo, somos estimuladas à tomada de consciência acerca do poder que emana de dentro para fora, as mulheres podem acessar sua potência subjetiva e política para o levante contra o *cistema*. Nesse contexto, sapatonas, lésbicas e bissexuais negras, ao acessar o erótico, encontram a força genuína e libertadora, uma força que dança com a práxis política-afetiva-sexual; é a resistência que emana de dentro, é o pertencimento de si, "o erótico é uma dimensão entre as origens da nossa autoconsciência e o caos dos nossos sentimentos mais intensos" (LORDE, 2019, p. 68).

O erótico dança comigo quando me sinto sozinha, é um encontro com meu íntimo, com o qual eu enfrento as estruturas de poder. O erótico está naquela canção das notas de sol, que ilumina o meu e o seu caminho para a autodefinição, está na sua potência espiritual, psíquica e corpórea contra os olhos que nos condenam. Ele me faz existir e gozar com meus desejos. Existo com o erótico, "ainda que não queira não, eu estou aqui"[14] tocando o meu tambor, molhada de suor, sentindo o cheiro do perfume da resistência. "Eu estou aqui", amando e me relacionando com outras mulheres, cantando a minha melhor canção, fechando os olhos e esquecendo, por alguns instantes, as violências interseccionais que se

---

14. Faço referência à canção "Um corpo no mundo" da artista, cantora e compositora Luedji Luna.

aproximam de mim. "Eu estou aqui", escrevendo este livro, denunciando as barbáries do mundo, reexistindo nas minhas poesias manchadas de sangue, dor e suor, mas eu estou aqui, "ainda que não queira não, eu estou aqui", rasurando as histórias mal contadas sobre mim, sobre nós. Estou aqui, viva, resistindo ao mau agouro que sai da maldade dos corações daqueles que querem me ver morta. Eu estou aqui, nós estamos aqui.

**A SEMÂNTICA DOS NOSSOS CORPOS
NÃO CABE EM SUA LÍNGUA**

[...] os marchantes esperavam nos calar; pra todas nós este instante e esta glória; não esperavam que sobrevivêssemos.
(*Uma ladainha pela sobrevivência*, de Audre Lorde)

Eu quis tanto escrever sobre nós... sobre os nós que você dá na minha garganta quando preciso gemer baixo sobre os nós que você desata em meu corpo quando toca em algo... Mas eu quis mais ainda viver nós, os nós que nossas pernas dão entrelaçadas, os nós que nossas mãos dão quando dadas, os nós dos nossos cabelos quando participam de nossos suspiros e beijos...
(*A Legenda*, Dandara Maria[15])

---

15. Mulher negra, transgênero, lésbica e intelectual. Poesia completa em: https://www.instagram.com/p/CVkt8MtL-w2/. Acesso: 02. jul. 23.

A corporeidade de mulheres negras lésbicas é diversa, não é estanque e não se limita a uma identidade. Nossos corpos não cabem na língua do colonizador, uniforme e apática; nós não cabemos em um modelo único de viver nossa lesbiandade. Não há uma homogeneização de nossas vivências, das nossas histórias, somos sapatonas, bofes, fanchas, caminhoneiras, bissexuais. Corpos com nome e sobrenome, que vivem suas identidades de gênero, seja cis[16] ou trans[17].

Hall (2011) analisa a concepção de identidade pautada em três dimensões, a saber: 1) *o sujeito do Iluminismo* aquele forjado no poder masculino, fixo, universal, centrado na razão da individualidade e de uma identidade imutável; 2) *o sujeito sociológico* que se constrói na dialética com o outro e está longe de ser independente, pois o mundo moderno oferece, inevitavelmente, o exponencial de complexidade ancorado nas relações entre o "eu e a sociedade", inserido na dinâmica social, relacionado ao interior e exterior percebidos em "valores, sentidos e símbolos" (HALL, 2011). Para o autor, a concepção sociológica de identidade do "eu

---

16. "Conceito 'guarda-chuva' que abrange as pessoas que se identificam com o gênero que lhes foi determinado quando de seu nascimento" (JESUS, 2012, p. 14).

17. "Conceito 'guarda-chuva' que abrange o grupo diversificado de pessoas que não se identificam, em graus diferentes, com comportamentos e/ou papéis esperados do gênero que lhes foi determinado quando de seu nascimento" (*Ibidem, loc cit.*).

real" – será constituída numa dialética costurada com as culturas do mundo, envolvendo nossas subjetividades e materialidades. Por fim, 3) o sujeito pós-moderno, no qual as identidades se descentralizam em *modus* flexível.

Para Hall (2011, p. 13) as culturas estão em ebulição, de modo que:

> A identidade plenamente unificada, completa, segura e coerente é uma fantasia. [...] à medida em que os sistemas de significação e representação cultural se multiplicam, somos confrontados por uma multiplicidade desconcertante e cambiante de identidades possíveis.

Se encararmos a questão racial de forma essencialista, sem compreender como ela vai impactar na vida das lésbicas e bissexuais negras na perspectiva de sua identidade e trajetória, o essencialismo recairá no caminho das forças dominantes. Por isto, à luz do pensamento de Azeredo (1994) e Brah (2006), é imprescindível compreender a racialização do gênero, imbricado a outros marcadores de diferença, visto que, no campo das categorias de sexualidade, classe, diferenças geográficas, raciais e de gênero, a construção das relações de poder atinge a vida das mulheres negras dissidentes sexuais, produzindo ainda mais opressões e desigualdades. É preciso analisar os discursos dominantes sem reducionismos para que esses marcadores não continuem fomentando estigmas, exclusão, marginalização, violências e desigualdades.

Cheryl Clarke (1988, p. 100) explica que:

> Não há um só tipo de lesbiana, não há apenas um tipo de comportamento lésbico, e não há apenas um tipo de relação lésbica. Igualmente, não há um só tipo de resposta às pressões que as mulheres sofrem para viver como lesbianas. Uma visibilidade lésbica maior na sociedade não quer dizer que todas as mulheres que estão envolvidas com mulheres em relações sexuais-sentimentais se chamem lésbicas [...] e nem que se identifiquem com uma comunidade lésbica específica.[18]

A categoria de gênero tomada pelos olhos reducionistas e biologizantes do ocidente, além de reforçar hierarquias de gênero, gera um apagamento das existências das mulheres trans e travestis, que podem ser bissexuais e lésbicas, e as quais não se curvam à cisnormatividade, implodindo a categoria de gênero e a orientação sexual, esta última relacionada ao desejo, ao prazer, "à atração afetivossexual por alguém de algum/ns gênero/s" (JESUS, 2012, p. 12).

A autora Letícia Nascimento (2021, p. 124), em seu livro *Transfeminismo*, problematiza a universalização do termo mulher enraizado na cisgeneridade, e demarca

---

18. Tradução de Tatiana Nascimento.

que "todos os corpos trans* rompem com as normas cisgêneras, reinventando modos de ser para além das feminilidades e masculinidades, como por exemplo, a emergência da não binaridade".

A intelectual Jesus (2012, p. 14), sobre identidade de gênero e orientação sexual, afirma que gênero está relacionado com o modo pelo qual

> [...] uma pessoa se identifica, que pode ou não concordar com o gênero que lhe foi atribuído quando de seu nascimento. Diferente da sexualidade da pessoa. Identidade de gênero e orientação sexual são dimensões diferentes e que não se confundem. Pessoas transexuais podem ser heterossexuais, lésbicas, gays ou bissexuais, tanto quanto as pessoas cisgênero.

A lesbiandade não está fixada na cisgeneridade, e desrespeitar a dimensão política e afetiva das vivências lésbicas de mulheres transexuais e travestis é alimentar o patriarcado, reproduzir transfobia e pactuar com o *cistema* que nos oprime. Entre nós, o amor sempre será molhado, gozando revolução; mulheres cis, trans e travestis, que são sapatonas, lésbicas, lésbicas e bissexuais estilhaçam as imagens de controle.[19] O que é imposto pelo determinismo biológico através da

---

19. Esse conceito será abordado no capítulo 4.

categoria sexo torna-se expediente de leis regulatórias, que se utilizam de normativas que demarcam o sexo, imbricando-o no corpo. Essas normas terminam reiterando o fortalecimento de hierarquias sociais de gênero, sendo "a diferença sexual" um componente circunscrito no "imperativo heterossexual" (BUTLER, 2000, p. 52).

O amor entre mulheres infringe as normas de gênero no que tange às relações cisheterossexuais hegemônicas, mas também segue pela via do amor, do prazer e da resistência que invocamos a descolonização do gênero. Essa descolonização está ritmada com a desobediência política das nossas corporalidades. A construção de identidades políticas é fundamental por expressar no corpo a pujança contra um projeto sexual instituído no conservadorismo, cheio de poeira e abafado. Portanto, essa indisciplina fortalece as nossas identidades e linguagens inscritas no corpo, que é político, estético, afirmativo e o que quiser ser.

Na esfera da sexualidade, também é possível encontrar essa desobediência epistêmica na tese de doutorado de Simone Brandão Souza (2018), que analisou as relações afetivo-sexuais entre as mulheres negras, privadas de liberdade, mas não privadas do amor e do desejo de se relacionarem, mesmo que dentro de uma unidade prisional. São corpos racializados, dissidentes, que se posicionam na contramão das normas regulatórias, aqueles de ser/estar sapatão, bofe, fancha, caminhoneira. Segundo a autora, são corpos que acedem a " uma explosão de categorias de gênero ou de sexualidades, tais identidades já estão subvertendo a norma ao (re)existirem, ao se afirmarem em um ato de poder" (SOUZA, 2018, p. 220).

A tese de Gilberta Santos Soares (2016), "Sapatos tem sexo? Metáforas de gênero em lésbicas de baixa renda, negras, no Nordeste do Brasil", também discute sobre relações afetivas e sexuais entre mulheres lésbicas que não desempenham uma performance de feminilidade nos moldes patriarcais, sejam elas *ladies*, que são as que mais se aproximam do imaginário cisheterossexual de feminilidade, ou as bofes/sapatão/caminhão que são mais radicais ao romperem com as cenas performáticas de feminilidade tradicional e conservadora (SOARES, 2016).

Já Brandão (2010) comenta que as lésbicas nos anos de 1950 expressavam-se "no arquétipo de *butch*", lidas como lésbicas masculinizadas. Ela também compara essa expressão de gênero com a masculinidade, referindo-se às lésbicas sapatonas, caminhoneiras. Essa questão, em particular, me causa bastante desconforto.

Dicotomias de gênero são um recurso que alimenta a recorrência de discursos carregados de lesbofobia. O fato de mulheres lésbicas recusarem uma performance de feminilidade hegemônica, não significa que elas querem ser comparadas com os homens. Existe uma linguagem coercitiva e reducionista que nos empurra para o abismo da masculinidade, isso abre brechas para as violências lesbofóbicas, como o estupro corretivo e o lesbocídio, porque, independente da expressão de gênero,[20] os corpos que rompem com o normativo serão vistos como "abjetos, matáveis e descartáveis" (BUTLER, 2000). Mesmo sob esse risco, nós vamos transgredir nas encruzilhadas, transtornando as estruturas, relações e instituições sociais.

Para Teresa de Lauretis (1987, p. 228), essa dissidência transita nas tecnologias de gênero, sendo "um complexo de efeitos, hábitos, disposições, associações e percepções significantes que resultam da interação semiótica do eu com o mundo exterior".

Maria Lugones (2014) argumenta que são corpos que atuam na descolonização do gênero, e, autorizam-se a vivenciar o poder subjetivo de suas identidades, ressignificando imagens de corpos que, historicamente, foram e ainda são estigmatizados, hiperssexualizados e marginalizados. Sujeitos a exclusão dos espaços de poder, dos trabalhos formais, alvo constante de violências, paradoxalmente, expressam poder ao enfrentar narrativas cisheteronormativas binárias, rasgando a ideia de essencialização do gênero.

---

20. "Forma como a pessoa se apresenta, sua aparência e seu comportamento, de acordo com expectativas sociais de aparência e comportamento de um determinado gênero. Depende da cultura em que a pessoa vive" (JESUS, 2012, p. 13).

A epistemologia de Oyewùmí (2021) aguçou meus sentidos e me conectou à "cosmopercepção"[21] para o enfrentamento de violências interseccionais. De acordo com a autora, o ocidente apreende nossas identidades na perspectiva da "cosmovisão" e traz análises enviesadas no binarismo de gênero corroborando com uma feminilidade reducionista e universal. A pensadora explica que:

> Se o gênero é socialmente construído, então não pode se comportar da mesma maneira no tempo e espaço. Se o gênero é uma construção social, então devemos examinar os vários locais/arquitetônicos onde foi construído, [...]. Devemos ainda reconhecer que, se o gênero é uma construção social, então houve um tempo específico (em diferentes locais culturais/arquitetônicos) em que foi 'construído' e, portanto, um tempo antes do qual não o foi. Desse modo, o gênero, sendo uma construção social, é também um fenômeno histórico e cultural. Consequentemente, é lógico supor que, em algumas sociedades, a construção de gênero não precise ter existido (OYEWÙMÍ, 2021, p. 39).

---

21. "O termo 'cosmopercepção' é uma maneira mais inclusiva de escrever a concepção de mundo por diferentes grupos culturais. Neste estudo, 'cosmovisão' só será aplicada para descrever o sentido cultural ocidental e 'cosmopercepção' será usada ao descrever os povos iorubás ou outras culturas que podem privilegiar sentidos que não sejam o visual ou, até mesmo, uma combinação de sentidos" (OYEWÙMÍ, 2021, p. 29).

Em seus estudos, Oyewùmí (2021) confronta as epistemologias do ocidente demarcando os equívocos de pesquisas que se apropriam de termos iorubás e os relacionam com a categoria gênero, traduzindo a mulher como *obìnrin* e homem como *okùnrin*. Na experiência iorubá, *okùnrin* não é considerado "a norma" e *obìnrin* não está reduzida ao "outro" conforme o ocidente assina. A autora afirma que estes termos não estão dedicados à constituição de hierarquias, explicando que o sufixo "*rin*" localizado nos termos *okùnrin* e *obìnrin* não são oposições e, sim, uma relação de "humanidade comum", já os prefixos "*obìn*" e "*okùn*" especificam a variedade da anatomia (OYEWÙMÍ, 2021, p. 71)[22].

As análises de Oyěwùmí (2021), orientada pela cosmopercepção, reposicionam a relação social de *okùnrin* e *obìnrin*. Para ela, estes termos correspondem às questões de macho anatômico e fêmea anatômica e são ausentes de hierarquias, mesmo com as diferenças fisiológicas. Ela diz que essa diferenciação não apresenta oposições, pois a palavra *obìnrin,* ora abocanhada pelo ocidente, na perspectiva da *cosmovisão*, comete erros de tradução. (OYEWÙMÍ, 2021, p. 73)

Enquanto a língua colonizadora insiste em nos aprisionar, nós continuamos causando insônia e

---

22. Ler o livro de Oyèrónké Oyewùmí, *A invenção das mulheres: construindo um sentido africano para os discursos ocidentais de gênero.*

desorganizando a paz da sociedade que, histórica e culturalmente foi e continua sendo erguida na base da barbárie racista, *cis*heterossexual, brancocêntrica e colonial.

2.1 NAS TRAMAS DA MODERNIDADE/COLONIALIDADE

O pensamento feminista negro constrói oposições à colonialidade do poder, do saber e do ser. Essa insurgência é uma engrenagem para não sucumbirmos ao projeto genocida histórico em curso. O discurso de Sojourner Truth, proferido em 1851, emana fortemente em nossas práticas políticas, quando ergueu a voz: "E eu? Eu não sou uma mulher?", rechaçando o essencialismo da mulher universal, é âncora nas epistemologias das mulheres negras ativistas e intelectuais latino-americanas, caribenhas e afro-americanas. Esse discurso está em consonância com a declaração de mulheres negras lésbicas — o Combahee River Collective, em 1974, que deu visibilidade à inseparabilidade das categorias de opressão no intercruzamento de gênero, classe, raça e sexualidade; assim, seguimos com Angela Davis ([1981], 2016), em *Mulheres, raça e classe*; bell hooks ([1981], 2019), em *E eu não sou uma mulher?: Mulheres negras e feminismo*; Audre Lorde ([1980], 2019), em "Idade, raça, classe e sexo: as mulheres redefinem a diferença", e tantas outras intelectuais negras afro-americanas.

No Brasil, desaguaram epistemologias revoltas de Lélia Gonzalez (1988), "Por um feminismo afro-latino-americano"; Beatriz Nascimento ([1985], 2021), "O conceito de quilombo e a resistência negra"; Luiza Bairros (1995), "Nossos feminismos revisitados"; Sueli Carneiro (2003), "Mulheres em movimento".

Exalto e coloco na cena epistemológica o feminismo fronteiriço da chicana Gloria Anzaldúa (1987) em "Frontera: La conciencia mestiza" e do livro *Esta puente, mi espalda: voces de mujeres tercermundistas en los Estados Unidos*. Esta última obra reúne feministas negras, lésbicas e intelectuais, asiáticas, indígenas, afro-americanas e latinas, e foi organizada por duas lésbicas de não brancas: Gloria Anzaldúa e Cherrie Moraga (1988).

No feminismo decolonial, seguimos com Maria Lugones (2007) em "Heterossexualismo e o sistema colonial/moderno de gênero"; das lésbicas: Yuderkys Espinosa Miñoso (2016), *"Feminismo en Abya Yala. Crítica a la colonización discursiva de los feminismos occidentales"* e Ochy Curiel (2011) em "El régimen heterosexual y la nación. Aportes del lesbianismo feminista a la antropología".

Importante destacar a produção teórica e a prática política das mulheres em Abya Yala, enunciadas pelas indígenas Silvia Rivera Cusicanqui, socióloga, autora de *Oprimidos pero no vencidos: Luchas del campesinado aymara y qhichwa de Bolivia, 1900-1980* (1986); e pela ativista, poeta, Julieta Paredes, autora de "Uma ruptura epistemológica com o feminismo ocidental" (2020); feministas decoloniais que afirmam a identidade política dos povos tradicionais aymara, de linguagem andina e, em suas lutas, conclamam o feminismo comunitário apontando outras formas de viver, denunciando a barbárie civilizatória da colonização.

Para Curiel (2007), o pensamento lesbofeminista na década de 1970 emerge para reforçar que nossos projetos não se afogam nas ondas homogeneizantes do feminismo universal. Ao contrário, colocamos a sexualidade articulada num movimento contra-hegemônico. A lesbiandade não só intimida o patriarcado — a vivência lésbica é política e radical, com dimensões internacionais que desobedecem às matrizes políticas de exploração do racista e capitalista em prol da libertação de todas as mulheres, sufocadas pelo *cistema* da modernidade/colonialidade. Usamos a tesoura do desejo, do amor entre nós, cortamos e combatemos a "instituição heterossexual" (RICH, 2010), que ainda persiste em roubar a autonomia, a autoestima e controlar a subjetivação das mulheres.

É fato que a modernidade/colonialidade, intrinsecamente conectada ao contexto sócio-histórico da colonização, construiu um projeto *cis*têmico de morte. O autor Aimé Césaire (2008, p. 26), no livro *Discurso sobre o colonialismo*, demarcou a carnificina histórica propagada pelos colonizadores, afirmando que " a Europa é responsável perante a comunidade humana pela maior pilha de cadáveres da história". E a história incide na contemporaneidade de diversas formas: em contextos, políticos, econômicos, sociais e culturais, devastando a natureza, os territórios indígenas, as comunidades negras e periféricas, e aniquilando a materialidade e o processo de subjetivação de nossos corpos, gendrados, sexualizados e racializados (LUGONES, 2014; SAUNDERS, 2017).

O texto "Analítica da colonialidade e da decolonialidade: algumas dimensões básicas", de Maldonado-Torres (2019, p. 27), sustentado na perspectiva das epistemologias de Fanon em *Os condenados da terra* e *Pele negra, máscaras brancas*, coloca a decolonização como um projeto de libertação, tendo em vista o giro decolonial, porque "a mudança no entendimento de modernidade, descoberta, colonialismo e descolonização requer a definição de múltiplas ideias como parte de uma analítica de colonialidade e decolonialidade" (MALDONADO-TORRES, 2019, p. 32).

Deste modo, Maldonado-Torres (2019) expõe na sua primeira tese o significado de colonialidade e decolonialidade, se referindo que o "colonialismo, descolonização e conceitos relacionados provocam ansiedade" (MALDONADO-TORRES, 2019, p. 33). O autor discorre como os projetos de colonização criaram estratégias discursivas para consolidar a produção e normatização de barbáries em territórios indígenas, escravização de povos africanos, lidos como não humanos, justificando o advento do racismo.

Subverter a ordem da modernidade/colonialidade resulta da indignação e organização política dos movimentos sociais negros, de mulheres negras, LGBTQIA+ e dos povos originários. Para Maldonado-Torres, são esses movimentos que causam ansiedade e vertigem na paz do colonizador, que é o dito "sujeito-cidadão moderno e das instituições modernas" (MALDONADO-TORRES, 2019, p. 33). No Brasil, esse sujeito-cidadão moderno tem muita semelhança com os ditos "cidadãos de bem", que se incumbem de discursos e práticas fundamentalistas para destilar o racismo, o machismo e a LGBTQIA+fobia. Eles se protegem em nome de um Deus branco, defendem estupradores, oprimem e matam mulheres, crianças negras, população LGBTQIA+, povos indígenas, tudo em nome da Bíblia, da igreja e da família.

Para o autor "colonialidade é diferente de colonialismo e decolonialidade é diferente de descolonização" (MALDONADO-TORRES, 2019, p. 35). Para ele, se conceituarmos as categorias "colonialismo e a descolonização" de forma descontextualizada, sem a dimensão política, permaneceremos inertes no passado, sem perceber os efeitos e as manobras da modernidade/

colonialidade. Isso implica em compreender questões de ordem contemporânea. A história não é neutra nem estática, e os efeitos de suas raízes estão radicados no nosso cotidiano. Sendo assim, é importante marcar as diferenças entre "colonialismo, colonialismo moderno e colonialidade". Nas análises do autor:

> Colonialismo pode ser compreendido como a formação histórica dos territórios coloniais; o colonialismo moderno pode ser entendido como os modos específicos pelos quais os impérios ocidentais colonizaram a maior parte do mundo desde a 'descoberta'; e colonialidade pode ser compreendida como uma lógica global de desumanização que é capaz de existir até mesmo na ausência de colônias formais (MALDONADO-TORRES, 2019, pp. 35-36).

Maria Lugones (2008) menciona que as dinâmicas das relações dicotômicas engendradas no dimorfismo biológico produzem hierarquias de gênero, estruturam relações de poder na esfera patriarcal e cisheterossexual fundantes na categoria racial e no controle dos corpos de mulheres negras. O projeto da colonização na exploração de corpos negros se fortaleceu à base do demasiado sangue derramado de mulheres negras, africanas, indígenas e quilombolas, e continua trazendo em seu rastro um fluxo sanguinário, manchado em nosso corpo e nos solos da sociedade brasileira (GONZALEZ,

[1988] 2020; NASCIMENTO, 1989). É o sangue dos estupros coloniais que marcam profundamente uma história relegada ao "limbo social", como denunciado por Sueli Carneiro (1995; 2002).

Lugones (2008) ainda acena que o dimorfismo biológico nas relações sociais e de gênero, atravessa diretamente a vida das mulheres negras. São desdobramentos não apenas na construção da subjetivação, mas também na materialidade de nossas vidas e não se restringem à sexualidade, orientação sexual e identidade de gênero. Somos nós, corpos racializados cis e trans com identidades dissidentes que estamos no afronte das violências orquestradas por uma matriz de opressão presente nas relações do *cistema* sexo/gênero (RUBIN, 1975).

Para Maldonado-Torres (2019, p. 42) a "colonialidade do saber, ser e poder", compõe a "catástrofe da metafísica" que envolve relações hegemônicas que contribuem para a naturalização das violências sobre nossas formas de existir.

Maldonado-Torres (2019, p. 43) evidencia que a colonialidade do poder se refere à "estrutura e a cultura", a colonialidade do ser envolve "tempo e espaço" e a do saber engendra "objetividade e metodologia", elementos que compõem a "subjetividade" e estão presentes em relações que inserem as pessoas colonizadas nos lugares de subalternidade — na verdade, é mais uma imposição. Para nós, mulheres negras sapatonas, lésbicas e bissexuais, resistir às tramas da modernidade/colonialidade significa, principalmente, a materialização da descolonização do gênero, inserida nas relações sociais e nas estruturas que se organizam ideológica e politicamente para a manutenção de dois eixos que protagonizam violências contra nossos corpos imbricadas no racismo e no capitalismo (LUGONES, 2014).

É um projeto ancorado no racismo estrutural presente em um cenário neoliberal (ALMEIDA, 2019). Está na desresponsabilização do Estado, que tem como consequência o desmantelamento e a precarização das políticas públicas, isso implica em instituições que reproduzem o racismo e a LGBTQIA+fobia institucionais, fardadas de falta de segurança pública que torturou até à morte a lésbica negra Luana Barbosa. Eis a força estrutural do capitalismo, sexismo e racismo na manutenção do *cistema, que é uma máquina* de moer e adoecer corpos negros que rompem com a *cis*normatividade sexual.

Ao problematizar os conceitos de "colonialidade do poder" e modernidade construídos por Quijano (1991; 1995), Maria Lugones (2014) afirma que o autor restringe as relações sociais de gênero na perspectiva das relações sexuais. Este reducionismo está ancorado nas relações sociais de gênero, raça e sexualidade no bojo da modernidade, que não apenas subtrai identidades, mas também reforça a colonialidade do gênero que retroalimenta hierarquias e resulta no fortalecimento das instituições colonizadoras, como o cristianismo, além de fazer a manutenção da naturalização de violências organizadas pelo *cistema* modernidade/colonialidade de gênero.

O pensamento feminista negro decolonial não se ausenta das críticas às tramas da modernidade/colonialidade do poder, saber e ser, configuração sustentada à base de privilégios constituintes das desigualdades de gênero que colocam em cena a cultura cisheteronormativa (CURIEL, 2019).

Maldonado-Torres (2019) elucida em seus estudos sobre o giro decolonial e toma emprestado os escritos de *Pele negra, máscaras brancas*, de Fanon (2008), reforçando que assumir um movimento de atitudes políticas está na ordem do giro decolonial, relevante "para um engajamento crítico contra a colonialidade do poder, saber e ser e para colocar a decolonialidade como um projeto" (MALDONADO-TORRES, 2019, p. 45).

Considero que esse giro decolonial emerge dos corpos julgados como marginais, das pessoas negras, dos povos indígenas, da população LGBTQIA+. Essa virada decolonial insurge quando assumimos a força do erótico, os usos da raiva expressos na epistemologia de Audre Lorde (2019) e na denúncia do mito da democracia racial através da língua afiada e ameríndia de Lélia Gonzalez no artigo "Racismo e sexismo na cultura brasileira" (1984).

Nesta perspectiva, compreende-se que estruturas capitalistas e racistas atuam em contextos sociais e institucionais que legitimam a nossa morte, sendo crucial que a população negra, povos indígenas, população LGBTQIA+ e movimentos sociais comprometidos com uma sociedade mais justa e igualitária continuem a escrever com o corpo, a nossa revolução. Chamo atenção para *Pele negra, máscaras brancas*, livro no qual Fanon (2008) propõe que o corpo se autorize a ser um instrumento vivo e aberto, e que possa questionar as tecnologias da colonização.

Sobre essa premissa, Maldonado-Torres (2019, p. 47) complementa:

> Como a mente do colonizado está dominada por histórias e ideias que o fazem confirmar a colonialidade do saber, poder e ser, Fanon reza para que seu corpo o torne alguém que sempre questione. Ele concebe o corpo como uma 'porta aberta de toda consciência' e, portanto, sua prece é para que o corpo permaneça aberto e contra qualquer imperativo sociogenicamente gerado que queira fechá-lo.

Quero ressignificar esse conceito de *corpo aberto*, pois para quem é do Asé, esse corpo precisa estar carregado de mandinga, para não cair diante do cinismo colonial. Quem cuida de mim é Rosa Vermelha, minha amiga pombagira. Eu, como mulher negra, sapatão, pertencente a religião de matriz africana, aprendi com os mais velhos que o corpo precisa estar fechado, banhado de folhas e costurado a fios de ferro (EVARISTO, 2016).

Nas epistemologias de terreiro (SIMAS; RUFINO, 2018, p. 89) perguntam: "quem tem medo da pombagira?" Não se engane, é com a gargalhada que ela encara o patriarcado e expressa a verdadeira "potência exusíaca encarnada no feminino", a pombagira é a incorporação do giro decolonial para afrontar as tramas da modernidade/colonialidade.

Assumo que sou do giro decolonial que gargalha contra o moralismo, do giro que desestabiliza o *cistema* e se fortalece nas encruzas, sou aquela que enxerga de olhos fechados, que toca tambor e segue concentrada na "cosmopercepção" de Oyewùmí (2021), que afoga com maestria o cinismo histórico-teórico-metodológico hegemônico, que trama uma incapacidade epistemológica para agenciar com eficiência a manutenção do poder.

Assim, o giro decolonial na minha experiência de vida se expressa como um corpo fechado, carregado de repertório político-epistemológico, artístico, afirmativo e estético, de vivências lésbicas, desviantes e inquietantes das normas de gênero. Somos o giro que cria ansiedade nas bases da colonialidade do poder, saber e ser. É importante reforçar aqui que a produção epistemológica, articulada com a arte, a espiritualidade e a estética, precisa estar comprometida verdadeiramente com a decolonialidade, do contrário permanecerá subordinada ao projeto de colonização, conforme as análises de Cusicanqui (2010), Espinosa Miñoso (2012); Maldonado-Torres (2019).

Ochy Curiel (2013) em "A nação heterossexual" questiona a naturalização hierárquica dos corpos *cis*normativos em oposição aos corpos dissidentes. A autora chama atenção às violências coloniais que mulheres indígenas estão enfrentando no tocante ao processo da colonização ainda fincada na atualidade. Estas mulheres têm realizado um significativo combate às forças capitalistas mundiais, à medida que suas lutas e resistências políticas continuam indo contra a devastação de terras, assassinato da população indígena e do enfrentamento às relações abusivas incorporadas no projeto genocida da colonização.

Cheryl Clarke (1988) faz referência aos esforços e às lutas das mulheres lésbicas contra a asfixia histórica da colonização, em busca do pertencimento e da reexistência lésbica. Contra a nação e o regime heterossexual, ela afirma que a lésbica "descolonizou seu corpo. Ela rechaçou uma vida de servidão que é implícita nas relações heterossexistas/heterossexuais ocidentais e aceitou o potencial da mutualidade de uma relação lésbica" (CLARKE, 1988, p. 99).[23] Não à toa, o pensamento da autora produz o radicalismo das práticas epistemológicas, indissociável da militância lésbica, reforçando que:

---

23. Tradução de Tatiana Nascimento.

Se o feminismo-lesbianismo radical se pretende uma visão antirracista, anticlassista e antiódio à mulher que forma uma união mútua, recíproca e infinitamente negociável; uma união livre das antigas prescrições e proscrições da sexualidade, então toda a gente que batalha para transformar o caráter das relações nesta cultura tem algo a aprender das lesbianas (CLARKE, 1988, p. 100).[24]

O pensamento de Tanya L. Saunders (2017) sobre a "Epistemologia negra sapatão como um vetor de uma práxis humana libertária" assume que ser sapatão negra é resistir ao processo de colonização no que tange a objetificação e a desumanização atribuídas às nossas vivências — é a partir dessa vertente que surge a necessidade de se produzir uma epistemologia negra sapatão, para sentir, efetivamente, a libertação de uma teoria decolonial que se posiciona constantemente contra "esses descendentes de homens que se beneficiaram do saqueamento das Américas, do genocídio e que brutalmente forçaram pessoas a várias formas de escravização" (SAUNDERS, 2017, p. 105).

É sobre resistir contra todas as formas de opressão interseccional que recaiu sobre a trajetória de vida das mulheres negras, corpos que ainda sangram com o

---

24. Tradução de Tatiana Nascimento.

estupro colonial. Trago aqui como exemplo a história de Sarah Baartman,[25] mulher negra, sul-africana, sequestrada e exposta como uma atração vexatória pelos colonizadores, teve seu corpo acorrentado, chicoteado e vilipendiado até a morte.

A minha/nossa subjetividade agoniza com a barbárie colonial, foram lágrimas de sangue, corpos marcados a ferro em brasa, um sofrimento sem fim, que seguiu acompanhado pelo sorriso cínico dos colonizadores. Homens e mulheres que aplaudiram de pé a espetacularização do sofrimento de Sarah Baartman.

Retomo, mais uma vez, a intelectual e militante negra Sueli Carneiro (1995; 2002) quando diz que é preciso desenraizar, arrancar da alma as memórias vivas e sombrias da colonialidade, histórias dos estupros coloniais, da hiperssexualização e a

---

25. Sarah 'Saartjie' Baartman, mulher negra, oriunda da África do Sul, nascida em 1789, teve sua dignidade sequestrada em outubro de 1810 e levada por Henrok e William Dunlop para Europa. Londres e Paris foram os palcos das violências direcionadas ao seu corpo, onde sua história tornou-se atração de circo, vista como um animal. Sarah foi violentada de diversas formas e passou a ser chamada de "Vênus Hotentote". Em 2010, a exploração e coisificação do seu corpo, tornou-se o filme: *Vênus Negra*. Morreu em 29 de dezembro de 1815, com 25 anos 5. Mas a espetacularização da barbárie colonial do racismo prosseguiu com a exposição de seus restos mortais, a exemplo: "cérebro, esqueleto e órgãos sexuais continuaram sendo exibidos em um museu de Paris até 1974. Seus restos mortais só retornaram à África em 2002, após a França concordar com um pedido feito por Nelson Mandela". Disponível em: https://www.bbc.com/portuguese/noticias/2016/01/160110_mulher_circo_africa_lab. Acesso em: 15 jun. 2023.

mercantilização dos nossos corpos reduzidos à utilização dos homens. Temos na memória o sentimento de raiva, de dor, carregamos um " lago de lava que está [em nosso] cerne, [como] uma fonte quente e borbulhante que pode entrar em erupção a qualquer momento [...]" (LORDE, 2019, p. 183).

Acessar "o lugar de poder da mulher dentro de cada uma de nós não é claro nem superficial; é escuro, é antigo e é profundo" (LORDE, 2019, p. 46). É pelas nossas ancestrais que desenterramos nossas vozes, seguimos de corpo fechado nos banhando nas águas de rio aparentemente calmas e afáveis, que alimentam nossos pensamentos feministas negros, que afogam, com sofisticação, o colonizador.

Afinal, nós, mulheres negras sapatonas, lésbicas e bissexuais , não negociamos nossas vidas para pertencer e estar no mundo com o cistema racista, sexista, heteropatriarcal, capitalista, sabemos qual é o destino que nos espera alguns passos à frente, espreitando nas esquinas, becos, ruas e vielas. Não negociamos nossas vidas neste projeto falido, arquitetado para moer nossos corpos; e para isso precisamos estar afinadas com a nossa ancestralidade, organizadas em coletivo, seja nas associações, nas ruas, nas feiras, em nossas comunidades periféricas para que nenhuma de nós seja sucumbida, engolida nas tramas da modernidade/colonialidade.

2.2 CORPO QUILOMBO: RESISTÊNCIA FEMINISTA NEGRA SAPATÃO

Não, não foi o ventre de um navio que nos pariu.[26] Refuto submissão e escrevo em memória de nossas ancestrais. Faço versos políticos àquelas que, no sequestro da travessia, cerraram punhos, derramaram lágrimas de sangue e preferiram a morte a serem colonizadas. Em contraposição à letra da canção Yá Yá Massemba, que diz "quem me pariu foi o ventre de um navio", sigo com o pensamento crítico da professora e historiadora soteropolitana Elenia Cardoso.[27]

> Essa passagem da letra de "Ya Yá Massemba" revela o historicídio das diversas civilizações africanas que vieram e construíram o Brasil através do tráfico negreiro transatlântico negando as suas diversas origens e epistemologias do ponto de vista geográfico, linguístico, cultural, econômico e religioso. (CARDOSO, 2020)

---

26. Problematizo a música "Yá Yá Massemba", composta por José Carlos Capinam e Roberto Mendes, que diz "Quem me pariu foi o ventre de um navio". Não é raro que algumas canções, independentemente de suas estéticas harmônicas, elucidem alguns problemas relacionados às relações de gênero e nas reproduções de concepções étnicas colonizadoras em suas letras.

27. Professora e historiadora, Elenia Cardoso abordou a problematização histórica dessa canção. A apresentação aconteceu em uma *live* no dia 18 de novembro de 2020 em sua página do Instagram. Disponível em: https://www.instagram.com/reel/CHv0ptUFQWL/. Acesso: 15 jun. 23..

Por isso, eu me levanto na vivência política e poética armada de Maya Angelou (1978) ao dizer que: "eu me levanto trazendo comigo o dom de meus antepassados". Faço ponte com as estratégias de resistências do aquilombamento de mulheres negras sapatonas e arranco da minha psique todas as mentiras coloniais inventadas sobre mim, sobre nós. Viemos das entranhas da Mãe África e, desde a travessia, na diáspora, seguimos revoltas feito águas. É nesse mar que nos banhamos para sarar as feridas abertas na subjetivação de nossos corpos negros, que foram explorados e marcados pelo racismo colonial na sociedade brasileira.

Portanto, ancoro-me no pensamento de Conceição Evaristo ao enunciar que "é tempo de formar novos quilombos, em qualquer lugar que estejamos".[28] Significa que na travessia de um mar salgado em lágrimas, mulheres negras africanas, presas pelo ferro, tornaram-se âncoras, fecharam o corpo, saíram de um mar revolto, e guiadas pelo vento de Iansã[29], banharam-se nas águas de Osum. Cantaram em nossos instintos para assumirmos um corpo aquilombado, decolonial, estratégico, político, permeado de significados da tecnologia ancestral contra a colonização.

---

28. "Tempo de nos aquilombar", poesia de Conceição Evaristo. Disponível em: https://xapuri.info/cultura/tempo-de-nos-aquilombar/. Acesso em: 15 jun. 2023.

29. Orisá guerreira que tem o controle sobre os ventos, furacões, rainha dos raios e tempestades.

Identifico-me com o conceito de quilombo apresentado pelas águas atlânticas do pensamento intelectual da historiadora Maria Beatriz Nascimento (1977)[30] que vive em nossas memórias, que venceu guerras e abriu caminhos teóricos e metodológicos. Ela afirma que o quilombo consiste em uma organização política e social, como um espaço de tomada de decisões estratégicas frente ao *cistema* de colonização na sociedade, "onde a liberdade era praticada, onde os laços étnicos e ancestrais eram revigorados" (NASCIMENTO, 1979, p. 317).

Maria Beatriz Nascimento, mulher à frente de seu tempo, para além das contribuições teóricas, ressignificou através das artes as imagens de homens negros e mulheres negras no seu filme *Ôri*, de 1989. O filme traz concepções imagéticas, em que o quilombo está enraizado na memória viva de nossas/os ancestrais. Trata-se de um corpo-território-movimento que é político, subversivo e que contrapõe à cultura hegemônica colonial e racista, impregnada na sociedade brasileira. Para a autora, é "um corpo analítico", "símbolo que abrange conotações de resistência ético política" (NASCIMENTO, 1985, p. 48).

Abdias Nascimento (2009) conceitua Quilombo como um projeto de sociedade ampliado, que não

---

30. A obra *Eu sou atlântica* traz a trajetória da história de vida de Beatriz Nascimento, enunciada pelo mensageiro intelectual Alex Ratts.

está restrito a um espaço de sofrimento e ansiedade do "escravo fugido", mas como um "complexo de significações" imbricado simbólica e materialmente nos modos de vida, na organização política, nas dinâmicas e representações, nas relações afetivas e socioeconômicas, e que desafiam e contrariam o *cistema* dominante ao longo dos séculos, consolidando a "existência de ser" (pp. 202-203). Na obra *O Quilombismo*,[31] o autor traz documentos e textos que dão régua e compasso para entender a história dos quilombos na sociedade brasileira.

Neste texto, honro Acotirene, considerada matriarca do Quilombo dos Palmares no século 17, conselheira política e de questões religiosas. Dandara dos Palmares, também no século 17, preferiu a morte a ser colonizada. Honro também Tereza de Benguela, líder do Quilombo Quariterê no século 18, cuja presença foi fundamental para organizar estratégias políticas que girava em torno da defesa e da libertação contra a colonização dos portugueses. Em homenagem a Teresa de Benguela, no dia 25 de julho, foi instituído o Dia Internacional da Mulher

---

31. *O quilombismo: documentos de uma militância Pan-Africanista* reúne dez documentos de extrema relevância política e intelectual que oferece a compreensão das relações raciais no Brasil. O livro denuncia as barbáries que homens negros e mulheres negras enfrentam na sociedade brasileira, um solo fértil do racismo colonial que avança em todas as dimensões da vida do povo negro. Sua primeira edição emergiu em 1980 e em 2019 podemos beber dessa obra tão importante em tempos tão difíceis.

Negra Latino-Americana e Caribenha, originado em 1992, com encontro realizado por mulheres negras em Santo Domingo, na República Dominicana. São essas e muitas outras mulheres negras quilombolas que assumiram a frente de luta para a libertação de seu povo e que são símbolos de nossa resistência política como mulheres negras.[32]

Ainda que a história construída na perspectiva androcêntrica e racista tenha se utilizado de manobras sexistas na tentativa de impedir a visibilidade dessas mulheres negras, essa visibilidade emergiu mediante as contranarrativas erguidas por tais mulheres, que demarcaram e ainda demarcam o protagonismo político das mulheres quilombolas como o centro de luta dos quilombos.

Lélia Gonzalez (2020), em seu estudo intitulado "Mulher negra, essa quilombola", brada esse apagamento histórico. Para a autora, grandes foram os esforços sexistas e racistas, mas não suficientes para impossibilitar a dimensão do poder intelectual, político e ancestral daquelas que continuam vivas em nossas memórias e lutaram por direitos humanos, como Mãe Stella de Oxóssi:

---

32. Portal Geledés Instituto da Mulher Negra. Disponível em: https://www.geledes.org.br/o-que-e-o-geledes-instituto-da-mulher-negra. Acesso em: 15 jun. 2023.-e-o-geledes-instituto-da-mulher-negra/?gclid=Cj0KCQiAzsz-BRCCARIsANotFgPHsPYncv1nUi0H2fMAG8yurWT-XzTXI69a_I_2_9CtrQiuV81SIWYaAmK0EALw_wcB.

Tia Ciata e Mãe Senhora; mas sobremodo de grande massa anônima que na casa-grande ou na senzala, no eito ou nos quilombos, no candomblé ou na umbanda, nos ranchos ou nos afoxés garantiu a sobrevivência de todo um povo enquanto raça e cultura (GONZALEZ, 2020, p. 200).

O racismo nunca vem sozinho — ele ganha força com outras categorias de opressão, como a violência de gênero, o racismo religioso, entre outras. Imprimo minha indignação à violência direcionada ao monumento da Ialorixá Mãe Stella de Oxóssi, ela que nos deixou um legado que o tempo não esvai, quando se trata de respeito, amor, liberdade, paz, união; assim, qualquer manifestação de violência interseccional destinada ao povo de santo, o nosso tempo de enfrentar é agora.[33]

Se o corpo quilombo anuncia resistência diante do *cistema* moderno/colonial, Lugones (2014) aborda que é nessa correlação de forças, entre opressão e resistência, que produzimos em nosso processo de subjetivação a infrapolítica, como um movimento interno, reconhecendo

---

33. Na madrugada do dia 4 de dezembro de 2022, a escultura que homenageia uma das maiores Ialorixás do país sofreu um ato de violência interseccional. A violência não se reduz a escultura da Ialorixá, ao contrário, atinge todo o povo negro de matriz africana. A Ialorixá faleceu em dezembro de 2018 aos 93 anos e é considerada uma das Ialorixás mais importantes do Brasil. Disponível em: https://g1.globo.com/ba/bahia/noticia/2022/12/04/escultura-de-mae-stella--e-oxossi-e-incendiada-em-salvador.ghtml. Acesso em: 15 jun. 2023.

a libertação ancorada na capacidade de resistir a partir de nossos próprios significados e significações com a recusa de sermos vítimas e poder reacender a nossa competência política e estratégica de superação contra a exploração. Assim, aquelas e aqueles que historicamente se opuseram à colonização do gênero, revelam que aprenderam a borrar o que a colonização espera deles, porque mesmo inseridos em contextos de invisibilidade, são tão visíveis que incomodam ao manifestar resistência às estruturas dominantes que nos querem de maneira submissa, subserviente e subalterna. Repudiar esse *cistema* colonial corresponde a "uma vitória infrapolítica" (LUGONES, 2014, p. 940).

O movimento da infrapolítica é um deslocar-se para dentro de si, acessando a subjetividade e evidenciando questões que se conectam com a potência política que norteia o que vou chamar de corpo quilombo sapatão. Essa concepção de infrapolítica se expressa por meio de mulheres que fizeram e ainda fazem a revolução com seu corpo para afirmar sua liberdade, empossada de resistência que se constitui no cotidiano. Eu vejo essa expressão de corpo quilombo sapatão na potência intelectual e política de Heliana Hemetério, Valdecir Nascimento, Neusa das Dores, Elizabeth Calvet, Jéssica Ipólito, Bella Sanches, na sapatão amiga Ana Claudino, Bruna Bastos, Ariana Mara, Bruna Carvalho, Verona Reis, Taianara Cerqueira, Priscila Borges, Mirella Novaes, Janda Mawusi, Marcelina Lima, Milena Santana, Taís Feijão, Dandara Maria, e mais um bonde de mulheres mandingueiras pretas sapatonas que seguem fazendo história na sociedade brasileira, firmando o ponto com os passos de nossas ancestrais.

O corpo quilombo sapatão se fortalece no coletivo, mas também é formado no território de pertencimento do próprio corpo, que assume sua grandeza quando se autodefine — é corpo-político, coletivo e fechado, jamais estático, usa mandinga ao toque do Ijexá, criando estratégias de artivismos políticos, com linguagens e práticas revolucionárias, esse corpo é facão que sai cortando a garganta daqueles que nos querem ver mortas. Ele é um perigo ao patriarcado racista, porque desacata a ordem das normas de gênero, ordem blindada na cisheterossexualidade.

O corpo quilombo sapatão é um movimento dialético, de linhagem e orientação ancestral, ritmado com o pretuguês na língua navalha de Lélia Gonzalez. É corpo resistência na Améfrica Ladina[34], que balança na roda

---

34. Lélia Gonzalez em seu texto "A categoria político-cultural de amefricanidade", além de desobedecer a lógica brancocêntrica europeia, nos ensina que o termo América Africana, "cuja latinidade, por inexistente, teve trocado o T pelo D para, aí sim, ter seu nome assumido com todas as letras Améfrica Ladina". A autora chama atenção da usurpação de nossas identidades culturais de resistência política contra o racismo colonial que em solos brasileiros tem feito um reducionismo de nossas identidades ao relatar que é "desnecessário dizer o quanto tudo isso é encoberto pelo véu ideológico do branqueamento, é recalcado por classificações eurocêntricas do tipo 'cultura popular', 'folclore nacional', etc. que minimizam a importância da contribuição negra" (GONZALEZ, 2020, p. 128).

Nzinga da mestra Rosângela Araújo (2004), brada: viva minha mestra Janja! Em sua tese de doutorado, ela nos brinda com a capoeiragem pedagógica, o corpo quilombo mandingueiro, reconhecimento e pertencimento de si, concebe que "[...] em suas múltiplas temporalidades, [...] base do seu próprio contexto histórico-vivencial, [...]" (ARAÚJO, 2004, p.340). É o corpo que luta e que dança embalado com Odara[35], escutando a voz política da feminista e intelectual negra Valdecir Nascimento.

São sapatonas negras que fazem fundamento assentado no amor e na raiva para dizer que a subserviência não impera e não se arranja dentro de nossas vivências. Em solos da diáspora, nos fortalecemos num território chamado resistência feminista negra sapatão, abrigado na incorporação de um Sirê militante e epistêmico ancestral. Nesse movimento, mergulho na grandeza e nas dores de ser uma sapatão negra, que produz em terras férteis, que cultiva baobás[36] de resistências políticas.

---

35. Instituto Odara é uma rede de organização feminista que articula o empoderamento político e inclusão socioeconômica de mulheres negras vítimas de opressões interseccionais na sociedade. Fundada em 2010 e coordenada por Valdecir Nascimento.

36. "O baobá é um dos alicerces da cultura africana. Além de testemunhas do passar do tempo, estas árvores são cercadas de fundamentos. Sua presença se dá na religiosidade, como no caso dos Iorubás, que associam sua existência como conexão entre o mundo material e imaterial. No Candomblé a baobá é considerada a 'árvore da vida', fundamental para a realização do culto. Segundo a tradição, ela nunca deve ser cortada ou arrancada". Disponível em: https://www.hypeness.com.

Lorde (1984) afirma que para nós, mulheres negras cis, trans e travestis, que somos somos sapatonas, lésbicas e bissexuais, excluídas e estigmatizadas pela estrutura de poder dominante, para nós, que estamos "fora do círculo do que essa sociedade define como mulheres aceitáveis, [a nossa] sobrevivência não é uma habilidade acadêmica" (LORDE, 1984, p. 111). Nessa perspectiva, precisamos estar forjadas na luta diária, pois as representações vexatórias que incidem sobre as nossas identidades não avançam quando cuidamos da nossa espiritualidade e da materialidade do nosso corpo, fazendo dessa prática um ato de liberdade sobre nós mesmas (LORDE, 1984).

Pensar o corpo como uma categoria, constitui-se, em si e nas relações sociais, como um território político, uma vez que, fomos estigmatizadas, hiperssexualizadas, denominadas como nãohumanas. São corpos afetados na sociedade por estarem posicionados na contramão de estruturas cisnormativas, corpos com deficiência, gordos, marcados pelo sexo, gênero, território, classe, raça e geração. A autora lésbica afro-americana Saunders (2017, p. 105-106) assina que:

> O momento da invenção da homossexualidade e seu enraizamento na raça não deve ser uma grande surpresa, visto que os estudiosos europeus e americanos, na sua obsessão

br/2018/06/baobas-milenares-africanos-estao-morrendo-e-assustando-
-pesquisadores/. Acesso em: 15 jun. 2023.

com a definição de quem era humano e quem não era humano, como um meio de explicar e justificar uma ordem social a partir da qual eles se beneficiaram, estudaram todos os aspectos da fisiologia e do comportamento humano, em uma tentativa de mostrar sistematicamente o que diferenciava os brancos cristãos privilegiados dos que não o eram, como um esforço para justificar as práticas sociais e econômicas que, como resultado da lógica científica emergente da época, produziu um grupo generificado e sexualizado/racializado que seria então escrito fora da sociedade, fora do mundo do humano.

Curiel (2017), na década de 1970, imprime o pensamento lésbico como um levante contra as bases colonizadoras, é faca amolada cortando as histórias construídas por homens brancos, cristãos, cisheterossexuais, fundamentalistas. A autora evidencia que a supremacia brancocêntrica masculina está nas leis regulatórias da cisheterossexualidade patriarcal, que institui hierarquias colonizadoras. Como bem reflete Oyewùmí (2000) "quem está em posições de poder acha imperativo estabelecer sua biologia como superior, como uma maneira de afirmar seu privilégio e domínio sobre os 'Outros'" (OYEWÙMÍ, 2000, p. 1).

Entender essa concepção no tempo e no espaço desvela como problematizar a sexualidade marcada no campo do ocidentalismo que produz e reproduz normativas de gênero enrijecidas na cisheterossexualidade, visto que são correntes colonizadoras presas na história e na contemporaneidade.

O corpo quilombo sapatão inverte essa lógica ao transgredir a política colonizadora racista — somos corpos dissidentes e decoloniais que rasuram as bases do conhecimento conservador. Produzimos teorias quando enfrentamos o patriarcado e denunciamos as diversas formas de violências contra todas as mulheres. A cultura patriarcal racista lesbofóbica não legitima a nossa autonomia, invalida a nossa inserção na economia, na política e em agendas que enunciam o debate dos nossos direitos. Como afirma Carneiro (1995; 2002), somos nós as exploradas em todas as conjunturas históricas, à medida que os nossos corpos foram estigmatizados e objetificados, anulando nossa emancipação social nos espaços de poder.

Miñoso (2014) imprime que um dos caminhos da produção epistemológica está na base e nas articulações político-teórico-metodológicas dos movimentos contra-hegemônico, que erguem suas vozes. Afinal, essa produção é indissociável da militância, pois produzimos teorias quando disputamos espaços de visibilidade nas ruas, produzimos teorias nas relações sociais com a nossa família e comunidade, produzimos teorias quando questionamos as práticas LGBTQIA+fóbicas tomadas pelas instituições, arraigadas nos discursos das imagens de controle, e também produzimos teorias quando nos permitimos romper com as correntes coloniais, dando a real visibilidade aos nossos corpos racializados.

Essa construção epistemológica deságua nas escritas de Cidinha da Silva (2006) no livro *Cada tridente em seu lugar*, relacionado ao amor genuíno de "Domingas e a cunhada". Domingas se manifestava com afeto ao chamar a cunhada de Mindinha ou só de Inha. Há muito dengo na escrita da Cidinha, e esse fator dá vida às suas personagens. Segue um fragmento da carta de Domingas para sua cunhada: "minha estrela-guia foi a lembrança daquela noite de lua cheia que cê dormiu nos meus braços. Grudada" (SILVA, 2006, p. 77).

Encontra-se também na produção das narrativas poéticas-políticas-afetivas-efetivas de Tatiana Nascimento, ao ressignificar o *itan* na relação de amor entre Osum e Iansã com a sua *literacura*.

As autoras apresentam uma narrativa insurgente; suas escritas são transgressoras, rasgam as histórias coloniais impetradas nas normas cisheterossexuais. A *literacura* de Tatiana Nascimento cria vertigem na estrutura patriarcal racista. São histórias ancestrais e destemidas, ao passo que recusam dicotomias de gêneros que insistem em sufocar nossos desejos. Tatiana Nascimento reconta a relação de amor em que Oxum estabelece para conquistar a senhora dos ventos, raios e trovões, Iansã:

> Diz que Oxum, satisfeita no pós-conquista, dá o perdido na senhora das paixões, ventos, raios, eguns. Mal sabia que Oyá é confuzenta, ficaria indignada por ter sido largada, y perseguiria Oxum pra castigá-la. Oxum, então, se esconde num rio, e de lá não sai (NASCIMENTO, 2019, p. 6).

Os estudos de Falquet (2012) marcam a arbitrariedade do patriarcado racista colonial, a autora mostra a reexistência de lésbicas em países como Zimbábue, a exemplo da Tsitsi Tiripano, lésbica negra que atuava com o grupo gay GALZ, falecida no ano de 2001.

Na sua adolescência, Tsitsi provou o amargo da imposição patriarcal. Aos 15 anos foi obrigada a casar-se com um homem de 55 anos, esse casamento resulta da cultura patriarcal e cristã do seu país. Tiripano foi o nome usado como forma de burlar o *cistema* homofóbico do governo de Mugabe que a perseguia. Poliyana Mangwiro era o seu nome de nascimento, mas adotar Tsitsi Tiripano foi a forma que encontrou para proliferar suas palavras contra as violências do seu país.

Em uma entrevista para Welch (2004), ela conta o significado de seu nome: "Tsitsi significa 'misericórdia', Tiripano significa 'estamos aqui'". "Todos devem ter misericórdia com gays e lésbicas porque estamos aqui" (WELCH, 2004 Tsitsi não conhecia o termo "lésbica", mas, em 1988, ao afirmar que se relacionava com uma mulher, para uma *drag queen* e seu namorado, ambos a apresentaram o termo. Sendo assim, Tsitsi continua: "Quer dizer, há mulheres [que] gostam de mim?" (WELCH, 2004).

Um dado importante é que em 1993, ao fazer parte do GALZ, Tsitsi Tiripano era a primeira mulher negra a fazer parte dessa organização, majoritariamente composta por pessoas brancas. Depois de sua presença, a organização passou a contar com pessoas negras em sua maioria (WELCH, 2004).

Em 1982 Audre Lorde publicou *Zami: uma nova grafia do meu nome, uma biomitografia*. Nesse livro, a autora reverbera a potencialidade de ser mulher negra, que corresponde em acessar a potencialidade de amar, admirar as mulheres fortalecendo sua identidade como Zami. O livro é um mergulho no universo feminino, um renascer em si.

Aqui, debruço-me nas escrevivências que nos atingem na alma e nos fortalecem na vulnerabilidade decorrente do racismo, do cissexismo, da lesbofobia e de conflitos de classe, que não permitem que descansemos nossos corpos. As matrizes de opressão são eixos que estruturam cistematicamente as relações de poder, que moldam nossas vidas inseridas nas dimensões interseccionais.

Atravessadas por um emaranhado de opressões, seguimos vivas e alimentadas pelo vento, fôlego de Iansã, sopro ancestral que nos mantém de pé, com práxis antirracistas, anticapitalistas, antiproibicionistas. Fazemos guerra contra a cisheterossexualidade compulsória, ateando fogo em métodos conservadores que têm como projeto político nos silenciar; são questões que pouco passariam desapercebidas aos olhos de quem não dorme — referencio Conceição Evaristo em seu poema "A noite não adormece nos olhos das mulheres: Em memória de Beatriz Nascimento".

Ancorada ao poema, se "há mais olhos que sono", há mais resistências, há luta! Somos sobreviventes às violências cotidianas que, infelizmente, não nos permitem descanso ao corpo, somos o cansaço suspenso, o corpo em vigília, "a noite não adormece nos olhos das mulheres", sejam cis, transexuais e travestis que são negras, sapatonas, lésbicas e bissexuais. Vivemos nossas experiências, e, no percurso da construção de vida, planejamos e construímos tanto na prática quanto simbolicamente, formas de resistir ao que está posto como projeto de morte.

A cisheterossexualidade é um projeto histórico, moralista, arraigado na colonialidade do poder, saber e ser, exteriorizado por corpos brancos, que matam, asfixiam e oprimem as outras formas de viver a sexualidade em sua diversidade. A liberdade sexual de nossos corpos dissidentes é premissa para libertação contra forças hegemônicas. Corpos quilombo sapatão impulsionam a derrubada de estruturas cisnormativas; saímos da margem em direção ao centro, com a recusa de sermos vítimas e protagonizando um papel de resistência política, visto que implodimos as relações que nos oprimem.

Falamos de um aquilombamento demarcado em todos os espaços, interseccionado com a política, economia, saúde, comunidade, cultura e arte, exigindo acesso aos direitos sociais de forma integral e não sucateada. Estamos comprometidas com a qualidade e a plenitude do *modus* de vida em suas condições materiais e imateriais. Somos corpo quilombo e estamos juntas pelo nosso bem viver[37].

---

37. Marcha das mulheres negras realizada em 2015, "Marcha contra o racismo, a violência e pelo bem viver" . "Nós, mulheres negras do Brasil, irmanadas com as mulheres do mundo afetadas pelo racismo, sexismo, lesbofobia, transfobia e outras formas de discriminação, estamos em marcha inspiradas em nossa ancestralidade que nos fez portadoras de um legado capaz de ofertar concepções que inspirem a construção e consolidação de um novo pacto civilizatório". Disponível em: http://fopir.org.br/wp-content/uploads/2017/01/Carta-das-Mulheres-Negras-2015.pdf. Acesso em: 21 nov. 2020.

TROCANDO EM LÍNGUAS: RASURANDO AS HISTÓRIAS MAL CONTADAS SOBRE NÓS

Construir este capítulo foi um desafio, um mundo atravessado na minha garganta. Encarar teorias que têm disposição para invisibilizar a existência das mulheres negras sapatonas, lésbicas, lésbicas e bissexuais é desorientador. É sabido que nossa teoria se constitui a partir de nossas vivências, de nossos corpos em movimento — ela não emerge de uma roupa acadêmica, apertada, cheirando a naftalina. A nossa produção de conhecimento se dá para além de um escopo acadêmico. Do ponto de vista desta insurgência teórica, a nossa luta se constitui em exercer estratégias políticas contra a linhagem epistêmica da corrente opressora arraigada no androcentrismo. Além disso, recusamos nadar nas ondas rasas das análises teóricas do feminismo hegemônico que anula nossas experiências visando a manutenção de seus privilégios.

Carneiro (2005) analisou o epistemicídio em sua tese de doutorado "A construção do outro como não-ser como fundamento do ser". A autora aborda que o epistemicídio desmonta todas as possibilidades de escalas sociais de poder das mulheres negras, fazendo com que seu pertencimento de identidade esteja restrito à subalternização, sobretudo quando lhe é negado o seu pertencimento intelectual.

O androcentrismo é um terreno patriarcal minado de violências, é cínico e movediço, marcado por teorias que interditaram a produção intelectual das mulheres negras, como se elas estivessem "invisíveis" nos últimos séculos. Construiu-se, desse modo, no campo do determinismo biológico, nas ciências filosóficas e antropológicas, a anulação dos sujeitos cognocentes femininos, reduzindo a mulher à depreciação, a ponto de essa imagem feminina reproduzir uma realidade subserviente (CARNEIRO, 2005). De modo geral, é imperativo romper com ideologias historicamente construídas, que engendram discursos enviesados e que tendem a prender nossos pés, amarrar nossos braços. Se não tivermos a consciência de nosso total potencial de autodefinição intelectual, cairemos no abismo do silêncio — e como é sabido, o "silêncio nos sepulta" (ANZALDÚA, 2009, p. 306), dado que, o epistemicídio não "se destina [apenas] ao corpo individual e coletivo, mas ao controle de mentes e corações" (CARNEIRO, 2005, p. 97).

Carneiro e Cury ([1982] 2008) reforçam que, quando forças hegemônicas capitalistas e racistas recaem perversamente na tentativa de desumanizar uma nação baseando-se em uma ciência, objetivando a barbárie de uma cultura, o candomblé emerge como força ancestral de extensão energética de resistência. A conexão com minha ancestralidade foi fundamental para impedir que os efeitos do epistemicídio ganhassem espaço dentro de mim, embora por vezes estivesse presente, colocando medo e insegurança na minha capacidade intelectual. Eu me lembro de um sábado de ouro: como de costume, incensei a casa, molhei as plantas, pedi a benção a mainha, acendi uma vela e conversei com Osum para asserenar meu Ori, regar com frescor minhas inspirações e produções teóricas. E, vestida com fio de contas douradas, foi o suficiente para retomar a escrita com determinação, coragem e disciplina.

Descartei Descartes, recusei a fala dos "patriarcas brancos [que reproduzem]: 'penso, logo existo'", e segui intuitivamente "a mãe negra dentro [de mim] de cada uma de nós — A poeta — sussurra em nossos sonhos [dizendo]: Sinto, logo posso ser livre" (LORDE, 2019, p. 48). Dessa forma, fiz pacto político com as insubmissas lágrimas de mulheres negras (EVARISTO, 2016) para resistir contra os discursos brancocêntricos, que nomearam minha/nossas identidades como subalternas. Movida pela insubmissão das lágrimas que me banham, escrevo o que sinto, por medo, por raiva, pois se não enfrentasse o silêncio, o meu corpo, já envergado, não suportaria o peso do racismo, do epistemicídio e da lesbofobia.

Lorde (2020, p. 79) ensina a romper o silêncio, o medo de agir, mais ainda: partilha que o silêncio gera um sentimento de angústia que provoca impotência, insegurança e paralisa os nossos corpos, e assim enfatiza "para aquelas mulheres que não falam, que não verbalizam, porque elas, nós, estamos aterrorizadas, porque fomos ensinadas a respeitar mais o medo que a nós mesmas". Esse pensamento mostra como é difícil implodir o silêncio. Até realizar esse feito, nossa garganta sangra, o silêncio sufoca o nosso pulmão; existe um mundo dobrando em nossas costas que impede o nosso levante. Anzaldúa (1987) pega em nossa mão e nos ajuda a mergulhar na escrita, a fim de expor toda raiva e toda dor provocada por culturas patriarcais que pouco são questionadas, culturas petrificadas na história, que manejam a favor dos homens brancos, na crença religiosa e na tradição que retroalimenta paradigmas *cis*normativos tomados pela sociedade e pelas instituições.

A carta para as irmãs terceiro-mundistas de Anzaldúa (2000) nos ensina que escrever é um ato de sobrevivência, não somente para evitar a coagulação da tinta da caneta, mas também para não encruar os sentimentos e deixar morrer o que temos de mais potente. Para vociferar o silêncio da nossa intimidade, por muito tempo sufocado por uma cultura patriarcal, é preciso desaguar-nos em chamas, posto que não somos fogo brando. A nossa língua queima feito brasa para reposicionar nossos corpos contra uma política de extermínio fruto de um regime *cis*heteropatriarcal.

A nossa revolta política e intelectual impulsiona a produzir rasuras nas mentiras projetadas sobre nossas trajetórias de vida, porque "não se trata somente de uma questão de cegueira epistemológica cuja origem reside em uma questão de categorias" (LUGONES, 2008, p. 76) Essa cegueira abre portas para as violências interseccionais sobre nossos corpos que, subjetivamente, estão presos no *cistema* da modernidade/colonialidade do gênero. Essas categorias hegemônicas e excludentes, estão ancoradas na história escravocrata e se processam em um pensamento androcêntrico, em discursos colonizadores para invisibilizar a nossa capacidade de sujeitas cognoscentes, mulheres negras sapatonas, lésbicas e bissexuais , que produzem conhecimento. Saunders (2017, p. 108), referindo-se ao gênero e à sexualidade, concebe que essa lésbica por si só já apresenta fissuras no imaginário colonial, configurando-a "como um centro epistemológico no pensamento descolonial, [que] tem particular importância nos processos descoloniais no Brasil".

Wittig (1980), lésbica branca, ao realizar a crítica das produções hegemônicas, afirma que a *cis*heterossexualidade passa bem ao orquestrar a sexualidade na esfera do essencialismo, da naturalização, para a manutenção da ordem. São muitos os desafios que as teorias feministas enfrentam diante de um apagamento histórico promovido pela ciência androcêntrica. Afinal, esse corpo dito como desviante, animal, aberração da sociedade e não humano rompe com o enrijecimento e o asfixiamento que perfilham a colonização do gênero. Somos corpos que borram as análises das ciências sociológicas, antropológicas e psicanalíticas, forjadas na história da colonização.

Embora com a cegueira racial, Rubin (1975) contribuiu para compreendermos a ordem do sistema sexo e gênero inserido nas relações da produção do capitalismo. Ao analisar esse *cistema*, é perceptível como o corpo das mulheres é explorado na produção e reprodução do trabalho. Para Rubin (1975), essa ordem capitalista ajuda a perpetuar as relações hierárquicas sexuais entre homens e mulheres, a exemplo da divisão sexual do trabalho, em que as condições materiais e subjetivas são influenciadas por uma cultura machista, misógina, *cis*sexista, condicionada à escravização moderna na sociedade contemporânea.

O feminismo hegemônico contribui com a luta contra o patriarcado, mas a régua epistemológica está voltada apenas para medir seus interesses no que concerne os privilégios de classe e raça, se ausentando em demarcar as epistemologias, os projetos e as agendas políticas das trajetórias de vida das mulheres negras. Seria ingênuo não pautar as divergências teóricas dos feminismos. Importa refletir sobre as experiências de vida das mulheres negras lésbicas que são marcadas pela opressão de raça e por outras categorias de diferenças que foram naturalizadas e invisibilizadas pelo feminismo hegemônico. Lorde ([1979] 2019, p. 135) é avassaladora quando declara que "as ferramentas do senhor nunca derrubarão a casa grande", já evidenciando divergências teóricas contra o androcentrismo e também contra o próprio feminismo hegemônico aos olhos das intelectuais negras que têm dado visibilidade às nossas reivindicações históricas.

O pensamento feminista negro à luz de Lorde (1984) e sua militância intelectual faz uma crítica ao feminismo hegemônico, e denuncia a disposição equivocada que as mulheres brancas têm ao demonstrar interesse em compactuar com o patriarcado para exercer o seu poder. Segundo a autora, essa prerrogativa é negada a nós mulheres negras, pois:

> As cotas mínimas de participação que às vezes nos oferecem não são um convite a somar ao poder, a visível realidade da nossa cor é demonstrada com muita transparência. As mulheres brancas têm a sua disposição um leque mais amplo de alternativas e recompensas por se identificarem com o poder patriarcal e suas armas (LORDE, 1984, p. 117).

Lorde ([1979] 2019), como lésbica negra, mãe de um menino e uma menina, sempre colocou em sua agenda a preocupação com as crianças negras. Sobre essa reflexão, comenta:

> Como mulheres, compartilhamos alguns problemas; outros não. Vocês temem que seus filhos cresçam, se unam ao patriarcado e deponham contra vocês; nós tememos que nossos filhos sejam arrancados de dentro de um carro e sejam alvejados no meio da rua, e vocês darão as costas para os motivos pelos quais eles estão morrendo (LORDE, [1979] 2019, p. 148).

A autora acrescenta que as tramas das desigualdades estão forjadas nas opressões interseccionais, categorias que, independentemente do contexto, se intercruzam simultaneamente, consolidando características reais de exclusão e discriminação. No tocante a essa reflexão, problematizo ao relembrar o *looping* da frase "o pessoal é político" no final da década de 1960. Essa frase não produziu interferência material e política quando mulheres negras estavam sendo violentadas como trabalhadoras domésticas nas casas das mulheres brancas. Essa frase reverbera as notas constantes dos privilégios supremacistas brancos, e é muito presente nas narrativas do feminismo hegemônico. Na prática, é uma ideia que reforça a matriz de opressão.

De acordo com Sueli Carneiro (2003), é preciso assinalar a importância da práxis política para insurgir contra as frentes de dominação e exploração das mulheres. Não raro, a construção cultural de lugares subalternizados para as mulheres mantém-se vigorosamente nas relações sociais, que evidenciam a imposição do poder masculino, negligenciado pelas feministas brancas. Nessa ordem, engendra-se as desigualdades das relações na manutenção de poder das mulheres brancas contra as mulheres negras.

Conceição Evaristo (2005, p. 7) afirma que as produções militantes e intelectuais do pensamento feminista negro estão "para além de um sentido estético, buscam semantizar um outro movimento, aquele que abriga todas as suas lutas. Toma-se o lugar da escrita, como direito, assim como se toma o lugar da vida". Aqui, contamos a nossa própria história, conforme nos lembra a Petronilha Silva (1998, p. 7), ao afirmar que "as fontes mais genuínas de conhecimento sobre as mulheres negras são elas mesmas".

Curiel (2017) evidencia o uso das produções cognoscentes das correntes feministas lésbicas constituindo-se de estratégias políticas para combater o poder do regime da *ci*sheterossexualidade imbricada nas relações. A autora acrescenta que a dominação sexual é um alicerce colonial presente nas ciências antropológicas e arraigada na colonização cristã. Para Lugones

(2008) são as epistemologias barganhadas nos interesses brancocêntricos, cuja condução é a manutenção do regime sexual à base de aparatos tecnológicos referentes ao "saber-poder", que estabelecem uma relação com "paradigmas modernos", e que impõem a política e a normatização das diferenças sexuais como normas para manutenção das hierarquias de gênero.

Não só na história pregressa, mas em tempos atuais, os nossos corpos negros, dissidentes e generificados ainda são atravessados por conceitos biologizantes, na tentativa de nos patologizar. Apresentarei o estudo de caso clínico escrito por Freud em 1920. O caso se refere à orientação sexual de uma jovem que passou a ter desejos afetivo-sexuais por outra mulher:

> O que certamente tem importância maior é a jovem, em seu comportamento para com o seu objeto amoroso, a ver assumido inteiramente o papel masculino, isto é, apresentava a humildade e a sublime supervalorização do objeto sexual tão características do amante masculino, [...] havia, assim, não apenas escolhido um objeto amoroso feminino, mas desenvolvera também uma atitude masculina para com esse objeto (FREUD, 1920, pp. 165-166).

Ao ler esse caso de 1920, observo como a cultura patriarcal segue em curso, viva, perversa, e se fortalece ainda hoje na sociedade; observo um discurso machista, lesbofóbico ao firmar que a orientação sexual de sua paciente valoriza o comportamento do homem. A ideia não é apenas fazer a crítica ao pensamento de Freud, de forma anacrônica, mas apontar para o fato de que nos fundamentos da psicanálise, esse saber influenciou o pensamento ocidental a partir do século 20, em campos como a medicina, a psiquiatria, a psicologia, bem como em outras áreas de conhecimento, em que estão presentes em sua essência uma *cis*normatização dual dos gêneros, revestidos de elementos simbólicos que categorizam e hierarquizam os corpos.

O diagnóstico sobre a homossexualidade saiu do Manual Diagnóstico e Estatístico de Transtorno Mental (DSM)[38] em 1973, mas só em 1990 a Organização Mundial de Saúde (OMS) excluiu a homossexualidade da Classificação da Estatística Internacional de Doenças (CID).

Na prática, a retórica dos discursos cisnormativos nos interpela, ou melhor, nos mata junto à corrente neoliberal e fundamentalista que circula na sociedade, nas amarras da colonialidade moderna cristã, praticadas nas instituições.

---

38. Artigo "Curar a Homossexualidade? A psicopatologia prática do DSM no Brasil", escrito por Christian Ingo Lenz Dunker e Fuad Kyrillos Neto. Revista Mal-estar e Subjetividade. Fortaleza, v. X, n. 2. p. 425-446, jun/2010.

Seja com a caneta na mão ou com os nossos corpos nas ruas, nas esquinas, ousamos reescrever a nossa história, enfrentando cotidianamente essa vertente teórica hegemônica imbricada na colonialidade do poder, saber e ser. Rasurar esse projeto colonial é mais do que problematizar um estudo protegido por uma ciência androcêntrica; rasurar esse projeto colonial significa acreditar no nosso projeto de vida e na liberdade de nossos corpos.

CULTURA DA SUBVERSÃO: LÉSBICAS NEGRAS ESTILHAÇANDO AS IMAGENS DE CONTROLE

A história da desumanização é um projeto político arquitetado contra as nossas existências, construído pela colonização, que, por muito tempo, instituiu as nossas imagens como vexatórias (HOOKS, 2019). Nossos corpos racializados, gordos, velhos, magros e com deficiência rasuram padrões hegemônicos e transgridem uma imagem presa na história, presa em uma moldura empoeirada, escrita ou desenhada pelo colonizador.

Patrícia Hill Collins (2019), em seu livro *Pensamento feminista negro*, conceitua as imagens de controle como um dispositivo de poder que assenta as mulheres negras nos espaços de subalternidade. A autora traz para o centro do debate a discussão dessas imagens enrijecidas na figura da *mammy* — imagem estigmatizada em torno das mulheres negras que, historicamente, foram e ainda são afetadas pelas opressões interseccionais.

A intelectual negra Helena Theodoro (1996) ressignifica esse modelo racista tramado contra a figura da mãe preta. Em *Mito e espiritualidade: mulheres negras*, a autora invoca as forças da transformação materializada em nossa raiz genealógica. Theodoro fala das matriarcas conectadas às *Iyá-mi*, para ela, somos a "grande mãe, geradora de todas as coisas vivas, que tudo transforma [...]. Mulheres negras vistas apenas como símbolo sexual ou como ama-de-leite não fazem parte de nosso futuro" (THEODORO, 1996, p. 28). Importam linguagens, performances do corpo, estética, artes perturbadoras para borrar o imaginário social racista. Em seus escritos, Saunders (2017, p. 104) assina que "no contexto brasileiro, essa seria a lésbica negra, e sua irmã, a bruxa negra (macumbeira)".

Veja, as imagens de controle são representações que minam nossa psique, como "modelos hegemônicos de ver, pensar e ser, que bloqueiam nossa capacidade de nos vermos em outra perspectiva, nos imaginarmos, nos descrevermos e nos inventarmos de modos que sejam libertadores" (HOOKS, 2019, pp. 32-33).

A importância de abolir determinadas imagens construídas de maneira objetificada requer um empenho e a encarnação daquelas que foram queimadas, soterradas vivas, mas que pulsam dentro de nós. Acredito na atribuição política, pela via da arte, da cultura, da literatura e de outros mecanismos indissociáveis da militância política, que infringem determinadas imagens de controle presas na história e na atualidade, imagens que continuam se projetando através das mídias para minar a nossa existência. Portanto, afirmo que com a nossa arte, seremos as ervas daninhas, ramificando e corroendo a confortável paz imersa no jardim da branquitude *cis*heterossexual. Ainda que as avenidas identitárias interseccionais insistam em nos vilipendiar (AKOTIRENE, 2018), são nas águas revoltas do pensamento feminista negro, que Lorde (1984), com sofisticação epistemológica, firma o ponto ao dizer que as nossas diferenças revelam a força política e a capacidade organizativa para superar a condição de desigualdade.

O corpo sapatão negro conjuga os verbos estilhaçar, romper e derrubar o enquadramento do modelo universal da brancura arraigada no "pacto narcísico" (BENTO, 2014), modelo dominante e egóico do branco que soletra exclusão, desigualdade, humilhações e hierarquias frente as relações étnico-raciais ainda presentes no Brasil e que, por muito tempo na história e no imaginário social, hiperssexualizaram mulheres negras nos seus arranjos teóricos do *cistema cis*hétero-patriarcal-racista-capitalista.

A antropóloga Angela Figueiredo (2008, p. 242) afirma que a re-existência das identidades negras confrontam a ordem hegemônica supremacista branca e jogam areia nos olhos do colonizador. Ela aborda uma estética que exibe um corpo que é: "politizado, valorizado pelo discurso cujo principal objetivo é resgatar a autoestima negra. A emergência desse discurso deriva, inevitavelmente, de uma investida antirracista e antissexista no sentido de reinventar, reconstruir o corpo negro".

Dito isso, as raízes colonizadoras foram cortadas também pela língua selvagem e mãos calejadas da lésbica Anzaldúa (1987; 2009). Eu mergulho na Gloria, que recusa ser puritana, aprendi que o caminho da libertação não faz pacto com dogmas eclesiásticos. Se não fosse a desobediência da autora, ao causar desgraça na cultura que nos trai, ela jamais seria a primeira mulher de uma terceira geração familiar a quebrar o enredo patriarcal colonizador arraigado no itinerário das mulheres de sua família. Ela abdicou dos trabalhos no campo, largou a enxada, pois sabia que suas mãos calejadas poderiam carregar uma caneta e passou a escrever sua própria história.

A insurgência política também foi demarcada nos estudos de Marilyn Richardson (RICHARDSON, 1987 *apud* COLLINS, 2019, p. 29) ao anunciar o discurso contra-hegemônico de Maria W. Stewart, que em 1831 questionou: "até quando as nobres filhas da África serão forçadas a deixar que seu talento e seu pensamento sejam soterrados por montanhas de panelas e chaleiras de ferro?". Essa intelectual afro-americana e militante, desde os cinco anos encontrava-se sem pai, nem mãe e, por essa condição, passou a realizar serviços domésticos para uma família eclesiástica — realidade de muitas mulheres negras que continuam resistindo à subalternização provocada pelo racismo.

Esse discurso mostra como se dá a apropriação e a manutenção de nossos corpos, que relutam à prisão da missão civilizatória colonial. Maria W. Stewart tornou-se um alicerce no pensamento intelectual de mulheres negras. Dona de uma língua navalha, em 1833, problematiza que o rei Salomão: "não pegou em prego nem em martelo na construção de seu templo, mas levou os louros por ele" (RICHARDSON, 1987 *apud* COLLINS, 2019, p. 29). Reforça o quão precisamos erguer as nossas vozes: "lutem pela defesa de seus direitos e privilégios. Conheçam as razões que as impedem de ter acesso a eles. Insistam até levá-los à exaustão. Tentar talvez nos custe a vida, mas não tentar certamente nos levará à morte" (RICHARDSON, 1987 *apud* COLLINS, 2019, p. 30).

Nas encruzilhadas da vida, mulheres negras sapatonas, lésbicas e bissexuais interditam a sexualidade, castrada no regime *cis*heterossexual racista. Seguimos na construção de linguagens e representações que desprezam os discursos binários de gênero. Somos as imagens desobedientes quebrando aquelas outras, cimentadas na história, anexadas à naturalização e à subalternização que produziram hierarquias sobre nós.

Nós, mulheres negras cis, trans e travestis, que nos relacionamos afetivo-sexualmente com mulheres, saímos das cenas tautológicas e narrativas fixas, contrapomos discursos e políticas LGBTQIA+fóbicas presentes nas instituições que, cinicamente, reproduzem as "imagens de controle [que] são traçadas para fazer com que o racismo, o sexismo, a pobreza e outras formas de injustiça social pareçam naturais, normais e inevitáveis na vida cotidiana" (COLLINS, 2019, p. 136).

Um dos caminhos que utilizamos para borrar as imagens de controle enraizadas na cultura supremacista branca colonizadora emerge da insurgência das artes, que unem corporeidades plurais com significados e significações políticas. Para não sermos engolidas vivas é necessário reconhecer a potência de nossos corpos que dançam com a cantiga da resistência, fazendo coro com as vozes da subversão como um fundamento espiritual e erótico (LORDE, 2019).

Até os cinco anos, Audre Lorde revela que não sabia se expressar frente às barbáries do mundo, tendo que se alimentar de poesias para não sucumbir às exclusões. A partir dos 13 anos não encontrou mais respostas nas poesias alheias e começou a parir suas próprias crias poéticas, já que "não lidar com a própria vida na arte que produzo é cortar a fonte da minha força" (LORDE, 2020, p. 82). Foi nomeando suas dores, prazeres e angústias, que regou sua potência na escrita, tornando-se forte "entre nós mesmas", nos ensinando a sermos "a unicórnia preta".[39]

É na arte negra que eu vejo esse corpo negro se autodefinir. Nela, injeto forças, estilhaço as imagens da ordem social *cis*hétero patriarcal racista. Aqui trago uma referência histórica, na música e na política: ela que canta nos palcos a sua sexualidade, como mulher negra e lésbica; eu honro e amo Leci Brandão, que em 1985 compôs "Assumindo", letra que retrata o amor entre pessoas LGBTQIA+. Nessa canção, ousamos "andar de mãos dadas no meio rua". Cantora, compositora, nascida e fortalecida com o samba, não arredou seu canto político contra as opressões destinadas à população LGBTQIA+. Soube fazer denúncia! É deputada estadual pelo Estado de São Paulo, seus projetos políticos estão na defesa dos direitos da população LGBTQIA+, promoção da igualdade racial, das religiões de matriz africana e da cultura popular.

Faço referência também ao filme *A voz suprema do blues*, que estreou em 2020, protagonizado por Viola Davis. A atriz interpreta a vida e a obra da mãe do *blues*, a lésbica afro-americana Ma Rainey (1927), que, naquela época, conseguia aniquilar as imagens de controle, assumia a direção de seu trabalho, impedindo as interferências de gravadoras dirigidas por homens

---

39. *A unicórnia preta*, livro de poesia de Audre Lorde (2020).

brancos. A sua potência artística encontra-se nas notas agressivas e sofisticadas do *blues* contra o racismo, o sexismo e a lesbofobia. Em uma de suas narrativas no filme, foi emocionante quando trouxe o papel da arte negra em sua vida:

> Os brancos não entendem o *blues*. Eles o ouvem, mas não sabem de onde vem. Não sabem que é a vida falando. Você não canta pra se sentir melhor. Canta porque é um modo de entender a vida. O *blues* o ajuda a levantar da cama pela manhã. Você levanta sabendo que não está só. Tem algo mais no mundo. Alguma coisa que a música adiciona. O mundo seria vazio sem o *blues*. Eu pego esse vazio e o preencho com alguma coisa (MA RAINEY, 1927, [s.p.]).

Nas cenas, era notório o seu poder. Ma Rainey (1927) conseguia realizar não apenas a política do constrangimento contra os homens brancos, mas apresentava toda uma autonomia do seu trabalho contra o *cistema* racista capitalista, além de expressar seu afeto pela sua companheira, que contracenava no filme.

Honro a banda Panteras Negras, a qual eu fiz parte, primeira banda instrumental LGBTQIA+ do mundo, que impulsiona notas revolucionárias, articuladas com a poesia marginal. Compomos um arsenal bélico que sacode as bases racista, patriarcal, capitalista e *cis*heteronormativa. Trazemos nossas experiências marcadas no suor, nas lágrimas, nas vozes engajadas de pertencimento político, constituídas na luta histórica de mulheres negras. Exalto a potência da dança dirigida pelas lésbicas, Tainara Cerqueira e Priscila Borges, donas do Instituto Afro Oyá, um quilombo de corpos negros, que a partir da dança, exalta o amor político e afirmativo de corpos que dissidem sexualmente.

Não aprendemos a pedir licença ao *cistema*, continuamos a gozar, por mais que tentem nos apagar da história, renasceremos nos ebós de resistência, oferecidos em cada encruzilhada.

Mergulhadas na arte, produzimos narrativas que queimam feito fogo e tiram a paz daqueles que enriqueceram às custas da opressão e exploração de nossas vidas. Com essa conexão, rememoro Maria W. Stewart: derretemos e transformamos as panelas e chaleiras de ferro na espada de Ogum, Orixá da guerra. Não jogamos nada fora e, dos pequenos estilhaços, somos também as próprias navalhas; cortamos fino a garganta do colonizador.

Salve a sapatão Heliana Hemetério[40], filha de Ogum, que segue cortando as imagens de controle, vencendo guerras contra o cistema lesbomisógino patriarcal racista acorrentadas na sociedade e nas instituições.

---

40. Apresentarei a militante e intelectual no próximo capítulo.

Como lembra Lorde (2020, p. 45):

Eu não venho como uma guerreira secreta
com uma espada desembainhada na boca
escondida atrás de minha língua rasgando minha garganta em fitas
condecorativas com um sorriso
enquanto o sangue corre escorre
e sai pelos buracos de dois montes sagrados no meu peito [...].

"DEIXA A GIRA GIRAR": LÉSBICAS NEGRAS E O NÃO LUGAR NOS MOVIMENTOS

Aqui, serão recuperados de maneira breve alguns percursos históricos das lutas de mulheres negras sapatonas, lésbicas e bissexuais no Brasil que se rebelaram no enfrentamento da invisibilidade política no interior dos movimentos. Não é à toa que categorias de diferenças demarcam presença no movimento negro, no feminismo hegemônico e no próprio movimento LGBTQIA+. A interseccionalidade, como uma metodologia cirúrgica, joga luz nas correntes opressoras ordenadas pelo racismo, machismo, e nas hierarquias das relações de gênero.

Historicamente, mulheres negras sapatonas, lésbicas e bissexuais se organizaram no mesmo patamar de luta e resistência política ao lado das mulheres negras heterossexuais para reivindicar seus direitos. Vale ressaltar que estivemos na linha de frente de articulações políticas materializadas nos sindicatos e partidos políticos, em busca de visibilidade, direitos sociais, autonomia de nossos corpos, bem como nas questões estruturais acerca de habitação, creches, escolas, saneamento básico, assistência social, saúde, dentre outras políticas públicas. No entanto, ainda há um aniquilamento daquelas que insurgem contra a sexualidade padrão presente em meio a essas lutas. Audre Lorde (2019) sinaliza que todos os seus feitos na militância foi como uma lésbica negra, e, no próprio movimento negro há um apagamento de sua história. É nesse sentido que seus questionamentos nos chamam atenção para visibilizar a nossa militância enquanto lésbicas e negras, para não sermos empurradas ao abismo do esquecimento, do apagamento de nossas histórias. Assim, todas as conquistas do movimento negro e de mulheres tiveram a participação direta das sapatonas, lésbicas e bissexuais negras.

Lorde (1980) considera que viver em uma sociedade hegemonicamente *cis*heterossexual já explica que nós estamos fora do ciclo normativo. Além disso, assinala que a união entre nós, mulheres negras, é fundamental, seja qual for a orientação sexual e identidade de gênero; não nos expressar na potência do amor entre nós mesmas resulta na manutenção do *cistema* heteropatriarcal sobre nossas identidades. Logo, ainda que as irmãs negras não gostem de ouvir, a autora insiste em dizer: " que todas as mulheres negras são lésbicas porque nós fomos criadas nos remanescentes de uma sociedade basicamente matriarcal não importando quão oprimidas nós tenhamos sido pelo patriarcado" (LORDE, 1980, pp. 18-19).

A diligência do *cistema* heteropatriarcal, racista e capitalista, quando não anula, enfraquece a subjetividade política das mulheres negras heterossexuais, em compensação, faz com que elas coparticipem de privilégios referentes à sexualidade, isso reforça não apenas o cerceamento das trajetórias políticas das mulheres sapatonas, lésbicas e bissexuais negras, mas contribui para a sustentação de violências lesbofóbicas no interior dos movimentos.

Os estudos da intelectual negra sapatona Ariana Mara da Silva (2015) trazem um repertório epistemológico das lutas históricas das lésbicas negras e o confronto com outros movimentos sociais. A autora demarca que:

> No Brasil, os anos 1970 foi um momento de reorganização dos movimentos sociais, justamente por causa da ditadura militar vigente no país, com a ativa participação dos movimentos que se definem pela diferença — raça, etnia, sexo/gênero, sexualidade — e os de seguimentos de classe como os movimentos sindicais. Reconstruir a periodização exata de cada movimento seria complicado, contudo apontar os marcos desses movimentos torna possível a percepção de como se dava a circulação das lésbicas negras dentro deles (SILVA, 2015, p. 36).

A influente Rebelião de Stonewall,[41] nos Estados Unidos, ocorrida em 28 de junho de 1969, foi fundamental para que movimentos LGBTQIA+ no mundo se rebelassem contra as violências endereçadas às comunidades transgressoras da cisnormatividade. Essa rebelião iniciou com a insurgência política de uma lésbica negra que não performava uma feminilidade hegemônica, chamada Stormé DeLarverie. Agressões foram proferidas por policiais, que deixaram seu corpo ensanguentado, ela ainda foi arrastada para dentro de um camburão, momento esse em que levou toda a comunidade LGBTQIA+ a reagir. Importante destacar também sobre a travesti negra Marsha P. Johnson como uma das precursoras da Rebelião de Stonewall.[42]

No Brasil, em 1978, criou-se o jornal *Lampião da Esquina*, direcionado ao público homossexual, tendo sua aparição no contexto nacional até 1981. No ano de criação do veículo, demarca-se a consolidação

---

41. "A história começa nas primeiras horas da manhã, quando gays, lésbicas, travestis e drag queens enfrentam policiais e iniciam uma rebelião que lançaria as bases para o movimento pelos direitos LGBTs nos Estados Unidos e no mundo. O episódio, conhecido como Stonewall Riot (Rebelião de Stonewall), teve duração de seis dias e foi uma resposta às ações arbitrárias da polícia, que rotineiramente promovia batidas e revistas humilhantes em bares gays de Nova Iorque". Disponível em: https://www.politize.com.br/lgbt-historia-movimento/. Aceso em 05 jun. 2023.

42. Disponível em: https://rollingstone.uol.com.br/noticia/negra-drag-queen-prostituta-e-ativista-marsha-p-johnson-um-simbolo-da-luta-lgbtq/. Acesso em: 05 jun. 2023.

política e afirmativa do Movimento Negro Unificado (MNU) (SILVA, 2015).[43] *O Lampião da Esquina* ganhou visibilidade no fim da ditadura militar, no período de flexibilidade e de "abertura política", contrapondo um contexto de repressão política, originado pelo golpe militar de 1964. Nas análises de Silva (2015), *O Lampião da Esquina* teve relevância política para os movimentos homossexuais na época, mas pouco retratou as pautas das mulheres lésbicas e, por isso, acabou sendo alvo de críticas.

Em fevereiro de 1979 nasce o SOMOS, grupo de "Afirmação Homossexual" — "pioneiro no movimento LGBT". Dentro desse grupo existiu o subgrupo Lésbico-Feminista (LF) que logo depois, em maio de 1980, tornou-se o Grupo de Ação Lésbico Feminista (GALF). O rompimento se deu diante dos confrontos machistas, sexistas e lesbofóbicos que surgiam no interior do grupo SOMOS, presentes nos discursos proferidos por homens gays, brancos e de classe média.

Em abril de 1980 são produzidas diversas violências e batidas policiais contra a população LGBTQIA+, a população negra e as profissionais do

---

43. Conferir o trabalho da intelectual lésbica negra e feminista Ariana Mara da Silva (2015) que traz o tema: "Griôs sapatonas brasileiras e Lampião da Esquina: o contraste das questões de gênero, raça e sexualidade na fonte oral e na fonte escrita". O trabalho da autora é de suma importância para entender os atravessamentos interseccionais na história do movimento lésbico negro no Brasil.

sexo. As pessoas eram coagidas e perseguidas sob a ordem moral racista, patriarcal e LGBTQIA+fóbica do delegado da época, José Wilson Richetti. Como toda ação provoca uma reação, em 13 de junho de 1980, os movimentos de resistência agenciam um ato político na frente do Teatro Municipal — com a organização do Movimento Negro Unificado e a participação também do movimento feminista contra as repressões políticas ditatoriais. Na ocasião, socializaram uma carta aberta denunciando as violências, e as lésbicas, mais especificamente, marcharam com a faixa que trazia a seguinte frase: "Pelo prazer lésbico e contra a violência policial" (FERNANDES, 2018), e assim registra-se a primeira passeata LGBTQIA+ em São Paulo. Em 1981, como estratégia de resistência lésbico-feminista, o grupo GALF, pioneiro no Brasil, publicou o primeiro informativo de lésbicas no país: a revista Chanacomchana, que perdurou até 1987. O GALF teve fim em 1989 (MARTINHO, 1994; SILVA, 2015; FERNANDES, 2018;[44] FACCHINI, 2002).

A divulgação da *Chanacomchana* reverberou em muitos espaços e um episódio importante incidiu na noite de 23 de julho de 1983, no então famoso Ferro's

---

44. Artigo de Marisa Fernandes, mestre em História Social pela USP e pesquisadora do Coletivo de Feministas Lésbicas. Disponível em: https://revistacult.uol.com.br/home/mulheres-lesbicas-feministas--brasil/. Acesso em: 14 mar. 2021.

bar[45] — as integrantes do GALF sofreram repressão lesbofóbica e foram impedidas de adentrar e vender a revista. Como resposta, foi organizada uma reação política de "invasão" no estabelecimento, ocorrida em 19 de agosto[46,] ficando conhecida e registrada como "o pequeno Stonewall brasileiro", oficializando o Dia do Orgulho Lésbico e fazendo referência ao bar que vinha sofrendo as inúmeras batidas policiais em Nova York, nos Estados Unidos (MARTINHO, 1994; SILVA, 2015; FERNANDES, 2018).

Entre 1979 e 1981, as pautas trazidas pelo 1960 e 1990 GALF, presente nas coordenações de organização do 2º e 3º Congresso da Mulher Paulista, ocasionaram um certo desconforto no movimento feminista, o que se caracterizou como lesbofobia declarada do movimento feminista naquele momento. As sapatonas defenderam

---

45. Ferro's bar foi um espaço de sociabilidade frequentado por pessoas da imprensa, população LGBT, militantes e estudiosos da época. O estabelecimento funcionou no centro de São Paulo entre as décadas de 60 e 90. Disponível em: https://outrosoutubrosvirao.wordpress.com/2019/06/28/dia-do-orgulho-lgbt-voce-ja-ouviu-falar-do-ferros-bar/#:~:text=O%20Ferro's%20bar%2C%20aberto%20entre,e%20p%C3%BAblico%20LGBT%20no%20geral. Acesso em: 08 jun. 2023.

46. Essa estratégia de reação à lesbofobia no Ferro's bar foi coordenada por Rosely Rotch, integrante do GALF. A manifestação se deu com a presença da mídia, movimentos sociais de direitos humanos, população LGBTQIA+ e partidos políticos de esquerda, ganhando visibilidade na mídia. Essa invasão política fez com que o proprietário do bar voltasse atrás, permitindo a venda da revista informativa *Chanacomchana*, o que virou um marco para o movimento lésbico feminista no Brasil.

questões sobre sexualidade e empoderamento dos corpos, não reduzindo o debate apenas às questões reprodutivas, mas contestando o poder da heterossexualidade. Diante disso, as lésbicas foram questionadas pelas demais feministas sobre sua condição de mulher. Segundo Fernandes, uma integrante do Movimento Revolucionário (MR-8) — grupo político que emergiu contra o regime militar presente no Brasil na década de 1960 — chamada Márcia Campos, afirmou que "a lésbica nega a sua própria condição de mulher, não pode fazer parte de um movimento feminino" (FERNANDES, 2018), discurso que tem um teor cinicamente lesbofóbico e demarca o apagamento da luta das mulheres lésbicas.

Os estudos de Ana Clara Lemos (2016; 2019) mostram como as categorias hegemônicas de gênero, classe, raça e orientação sexual foram determinantes no contexto empírico, sob o advento de excluir as experiências cotidianas de mulheres negras lésbicas.

A autora chama atenção para a invisibilidade de lésbicas negras no interior dos movimentos, considerando que:

> Poucas pessoas conhecem essa história do movimento de lésbicas, pois os movimentos quase sempre foram pensados e coordenados por pessoas brancas e de classe média, assim como no início na articulação do SOMOS, é a partir de 1995 que o movimento toma um rumo

diferenciado na história, sendo visibilizado o protagonismo das lésbicas, especialmente, as negras e feministas (LEMOS, 2016, p. 2440).

Tanto no movimento negro, como nos movimentos LGBTQIA+ e feministas, o racismo e a lesbofobia estiveram presentes na trajetória das lésbicas e sapatonas negras, ainda que estivessem na linha de frente, protagonizando disputas por direitos e lutas políticas para que suas pautas não entrassem no apagamento da cisheterossexualidade. Elas tiveram que enfrentar opressões que ocorriam nesses movimentos. Diante disso, é preciso honrar a trajetória de luta e resistência dessas mulheres, como Neusa das Dores, Heliana Hemetério, Valdecir Nascimento, Rosangela Castro, Soraya Menezes, histórias vivas de militância e referência política para outras sapatonas negras, lésbicas e bissexuais .

Audre Lorde (2020) relata que a invisibilidade se fortalece à medida que homens e mulheres dos movimentos não conseguem reconhecer ou afirmar outras categorias que nos colocam em espaços de subalternidade para manutenção de poder. A autora afirma que:

> [...] não é fácil para mim falar com vocês aqui como uma feminista negra lésbica e admitir que algumas formas como me identifico dificultam que me escutem. Mas nos encontrarmos em meio às diferenças exige flexibilidade

conjunta, e, enquanto vocês não forem capazes de me ouvir como feminista negra lésbica, nossas forças não estarão realmente conectadas (LORDE, 2020, p. 13).

Refletir a realidade com as lentes do pensamento de feministas negras é projetar uma outra sociedade, é romper com estruturas que, historicamente, constituem caminhos de violências sistêmicas do racismo e outras categorias de opressão. É pensar que as epistemologias construídas, a partir das vivências das mulheres negras, lésbicas e sapatonas, têm um compromisso sociopolítico, engajado com a transformação e emancipação de todas as mulheres negras em sua dimensão simbólica e material. Ou seja, buscam construir uma sociedade livre, justa e igualitária combatendo qualquer discriminação e exclusão pela condição de raça, classe, gênero, geração, sexualidade.

Até aqui, de forma resumida, os percursos das mulheres dissidentes sexuais apontaram a urgência de se construir uma agenda que pudesse dimensionar as diversidades e particularidades da existência lésbica e sapatona e que vislumbrasse um "espaço que culminasse a organização nacional dos grupos de lésbicas no Brasil, contribuindo para a construção e fortalecimento do sujeito político" (LEMOS, 2014, p. 2325). A feminista lésbica negra dominicana Curiel (2011) argumenta que a organização política de lésbicas desorganiza a ordem perpetrada na sociedade, que tem como base o sistema racista, patriarcal, capitalista e sexista orquestrado socialmente no regime cisheterossexual.

Em agosto de 1996, emerge o 1º Seminário Nacional de Lésbicas (SENALE), no Rio de Janeiro (RJ), com a presença efetiva de 100 lésbicas e sapatonas. Neusa das Dores e Elizabeth Calvet, sapatonas negras, foram as organizadoras e articuladoras políticas para o acontecimento desse marco histórico para o movimento que instituiu, oficialmente, o 29 de agosto[47] como "o dia nacional da visibilidade lésbica" (LEMOS, 2014, p. 2326).

Lemos (2014) em 1997 aponta que o 2º SENALE aconteceu em Salvador (BA). O tema abordado foi "Saúde e cidadania" e contabilizou 75 participantes; o 3º SENALE, de 1998, ocorreu em Betim (MG), , e trouxe o tema: "Saúde e visibilidade", com a participação de 70 mulheres. Em Aquiraz (CE), em 2001, o 4º SENALE teve 110 participantes e o tema foi: "Cidadania, visibilidade, saúde e organização"; em 2003, em São Paulo (SP), aconteceu o 5º SENALE, com 200 mulheres

---

47. "Esta data se tornou um referencial para o movimento de lésbicas brasileiro. O seminário teve como tema: Saúde, Visibilidade e Organização. Foi organizado pelo COLERJ — Coletivo de Lésbicas do Rio de Janeiro e pelo Centro de Documentação Coisa de Mulher - RJ" (LEMOS, 2014, p. 2326). A autora Ana Carla da Silva Lemos em seu artigo "Rachas ou agregações? Uma análise sobre os movimentos de lésbicas e movimentos feministas no 8º SENALE - Seminário Nacional de Lésbicas" traz um apanhado histórico dos SENALEs e seus desdobramentos políticos.

debatendo "Políticas públicas: conquistas e cidadanias para as lésbicas". Em 2006 foi realizado o 6º SENALE, com a presença de 226 mulheres discutindo a temática "Movimento de lésbicas enquanto sujeito político, poder e democracia", apresentando a agenda das lésbicas negras, na ocasião "foi o primeiro seminário onde houve uma mesa específica para falar sobre as lésbicas negras" (LEMOS, 2014, p. 2326-2327). Observe que em SENALEs anteriores, lésbicas e sapatonas negras lutaram contra violências históricas orquestradas pelo racismo, isso demarca como o racismo atravessa o interior dos movimentos lésbicos.

A construção do pensamento feminista negro é fundamental para compreender como o racismo imbricado simultaneamente em outras correntes de diferenças molda as relações sociais de classe intersectadas nas relações de gênero e orientação sexual analisando a materialidade das desigualdades sociais que acometem a vida das mulheres negras sapatonas, lésbicas e bissexuais. O VII SENALE, ocorrido no ano de 2010 em Porto Velho – Rondônia, teve como tema "Unificação, Fortalecimento e Visibilidade" (LEMOS, 2014).

Lemos (2014) e Fernandes (2018) contam que no VIII SENALE, em 2014, realizado em Porto Alegre – Rio Grande do Sul, cujo tema foi: "Enfrentando o machismo, o racismo e a lesbofobia", e contou com a presença de 170 pessoas,[48] ocorreu a mudança do SENALE para SENALESBI (Seminário Nacional de Lésbicas e Mulheres Bissexuais) com objetivo de visibilizar as mulheres bissexuais. Porém, a sigla só seria modificada no seminário seguinte.

Reparem que a teoria denominada como "feminist standpoint" — ponto de vista feminista — (COLLINS, 1986; BAIRROS, 1995) assinala as diversas desigualdades complexas e difíceis de serem identificadas e, a não problematização, a naturalização e/ou o apagamento de outros marcadores, exclui a complexidade de categorias, eixos estruturantes que, silenciosamente, constroem opressões, desigualdades e discriminações na vida das mulheres negras sapatonas, lésbicas e bissexuais.

Em 2016 o IX SENALESBI aconteceu em Teresina – Piauí, trazendo o tema: "20 anos de luta e desconstrução: desafios e perspectivas", com cerca de 170 mulheres sapatonas, lésbicas e bissexuais presentes, dentre elas negras e indígenas, abordando discussão que versou dois eixos: a) movimento de lésbicas e mulheres bissexuais feministas e b) negritude e visibilidade.[49]

---

48. O VIII SENALE vem com uma organização política forte "das Redes Nacionais: Liga Brasileira de Lésbicas, Articulação Brasileira de Lésbicas, ABGLT - Associação Brasileira de Gays, Lésbicas, Travestis e Transexuais, CANDACES-BR, Grupo Matizes, Rede Afro LGBT, Rede Sapatá, Coletivo Bil" (LEMOS, 2014, p.2328).

49. Esse texto tem como autora Marinalva Santana para as Blogueiras Feministas, ano de 2016. Disponível em: https://blogueirasfeministas.

O X SENALESBI foi realizado em Salvador/BA em 2018 e contou com a presença de 200 mulheres sapatonas, lésbicas e bissexuais, e foram discutidos quatro eixos temáticos: "o racismo, capitalismo, as relações intergeracionais e a heteronormatividade compulsória".[50]

Que a história de luta do movimento continue desaguando revoluções dentro de nós, que cada passo dado permaneça fincado na desobediência política ensinada por nossas irmãs, que eu tenha coragem de nomear meus medos, para não ter medo de alimentar meus desejos e sonhos, que minha liberdade não seja cerceada e que eu não renuncie diante das ameaças cínicas dos patriarcas brancos.

5.1 UM DIÁLOGO COM HELIANA HEMETÉRIO[51]

Dando continuidade à história dos movimentos, entrevistei Heliana Hemetério. Aos 69 anos, ela é mulher negra, lésbica, mãe, feminista, historiadora, ativista, intelectual, integrante do Movimento Negro desde 1986 e dos movimentos Lésbico, LGBTQIA+ e de Mulheres

---

com/2016/08/31/senalesenalesbi-20-anos-de-luta-e-desconstrucao-do-
-machismo-do-racismo-e-da-lbfobia/.

50. Disponível em: https://crpsc.org.br/noticias/10-edicao-do-senalesbi
-reune-mulheres-em-salvador.

51. Os subcapítulos 5.1 e 5.2 foram produzidos a partir do recurso de entrevista oral gravada e transcrita em janeiro de 2021 pela autora com a entrevistada Heliana Hemetério.

Negras. Heliana é filha de Ogum, o dono de seu Ori, de seu caminho, Orixá da guerra. Segundo ela, foram e são muitas batalhas enfrentadas em sua trajetória. Hemetério (2021) traz na voz as opressões interseccionais que aconteciam no interior do movimento negro ao experienciar que:

> o movimento tem como base, de cara, a nossa luta contra o racismo, e ele foi construído em cima da *cis*heteronormatividade. O movimento negro [...] não trabalha com nenhuma outra identidade, com nenhuma outra orientação sexual. Esse mito da sexualidade negra, ele é tão incorporado pelos homens negros, como pelas mulheres negras, né? Então, as outras identidades nunca foram colocadas dentro da questão negra.

A vivência de Hemetério (2021) nesses movimentos revela que a interseccionalidade mostrou como denunciar as desigualdades na trajetória das mulheres negras lésbicas e dar visibilidade às suas existências. Dito isso, contra a invisibilidade lésbica está a criação de estratégias políticas movimentadas nas encruzilhadas, local de pertencimento coletivo, de comunicação, para assumirmos nossas identidades transgressoras em todos os espaços, becos e esquinas. As encruzilhadas, como elucida o Babalorixá, professor e intelectual negro Sidnei Nogueira (2020, p. 118), são entendidas como uma epistemologia ancestral, "como um lugar de encontros, de reencontros, de caminhos e possibilidades diversas [...]. Trata-se da epistemologia cuja origem é uma história afro-brasileira polissêmica: a epistemologia de EXU".

Audre Lorde (2020) declara que ser uma lésbica negra envolve um espiral de violências marcadas por categorias que não são hierárquicas e que atuam simultaneamente no processo de invisibilização, fazendo-se necessário assumir um posicionamento político insurgente. O movimento de mulheres negras lésbicas, em meados da década de 1970, sob o pensamento de Hemetério (1986; 2021) nos convoca a romper o silêncio diante de categorias dominantes que tendem a invisibilizar a nossa existência. Sobre isso, ressalto que determinadas narrativas carregadas de lesbofobia interditaram as subjetividades políticas de muitas mulheres no bojo dos movimentos. Viver a lesbiandade inclui experiências distintas, que podem estar alinhadas ao medo de expor a orientação sexual, porque no decorrer dos movimentos, muitas das sapatonas, lésbicas e bissexuais negras não quiseram se expor mediante represálias entrelaçadas pelas forças dominantes demonstradas nas práticas do machismo, sexismo, além da lesbofobia, arraigadas nas instituições que historicamente demonizaram e estigmatizaram as existências dessas mulheres (LEMOS, 2016).

Em 1988, aconteceu o 1º Encontro Nacional de Mulheres Negras, um espaço político de fortalecimento e decisão política que não deixou de ser uma arena lesbofóbica, acompanhada de outras violências, como misoginia, sexismo, gordofobia, proferida pelos homens negros que se utilizavam de narrativas hegemônicas opressoras para deslegitimar as mulheres negras lésbicas e sapatonas. Sobre isso, Hemetério (2021,) denuncia:

> Em 1988, aconteceu o Primeiro Encontro Nacional de Mulheres Negras. Na comissão tinha: Valdecir, Atalides, Neusa das Dores, Maria José Lopes, né? Que era professora, e a companheira Malu. A Joselina da Silva, que é doutora. Eles diziam que para estar naquela comissão, tinha que ser gorda e sapatão, porque a Valdecir, Neusa, Atalides, Malu, Zezé, eram todas gordinhas. Valdecir vem da educação, Neusa das Dores também é professora. E tinha outras mulheres na comissão organizadora do primeiro encontro nacional de mulheres negras, que aconteceu no Rio de Janeiro. Você vê: o preconceito que os homens negros nos tratavam, e falar em Lesbianidade nem pensar, né?.

Trinta anos depois "o futuro repetiu o passado",[52] consolidando "um museu [sem] grandes novidades",

---

52. Parafraseando a música de Cazuza lançada em 1988 "O tempo não para". Ainda continua em curso a LGTQIA+fobia não só nos movimentos sociais, mas também na sociedade brasileira.

porque a LGBTQIA+fobia "não para". Como debater raça e gênero sem romper as correntes opressoras orquestradas pela sexualidade *cis*normativa dominante? A existência das nossas identidades perpassa pelo combate às violências interseccionais. Esse apagamento aconteceu no evento realizado em Goiânia (GO) de 6 a 9 de dezembro de 2018, o "Encontro Nacional de Mulheres Negras — 30 anos: Contra o Racismo e a Violência e Pelo Bem Viver — Mulheres Negras Movem o Brasil". Continua Hemetério (2021):

> O segundo encontro que foi agora, em 2018. Um encontro que não tem plenária? Pra mim, não é um encontro! A lesbofobia foi gritante. Eu era uma das facilitadoras do debate de lesbianidade e eu não tinha sala. Cheguei, não tinha a sala. Cadê a sala, sabe? O movimento tem essa falha. Outro problema, a gente precisa ter uma inserção séria no movimento de mulheres, no movimento feminista, dizer pra elas que as lésbicas existem, que elas continuam nos deixando do lado de fora. As lésbicas existem e existem lésbicas negras. E nós temos que ter uma inserção com as mulheres negras. Que quando as mulheres negras falam das suas dificuldades, elas não falam das lésbicas, né? Quando você vai olhar o I Encontro Nacional de Mulheres Negras, é claro que naquele momento, 1988, a pauta era pauta do gênero e raça. Mas 80% das mulheres daquela coordenação eram lésbicas. O que eu digo: quando você

levanta a história, eu acho que caberia às companheiras hétero colocarem isso na história, "olha, a coordenação naquele momento, a construção, eram nossas companheiras, companheiras lésbicas", e isso não é dito.

A lesbofobia e a transfobia, por exemplo, dentro dos movimentos sociais é notória. Hemetério (20121) comenta que há um esvaziamento de interesse sobre a visibilidade lésbica, e, ao mesmo tempo, há uma reiteração de violências simbólicas e materiais quando essas mulheres dissidentes sexuais se organizam politicamente a fim de problematizar as relações abusivas constituídas dentro do movimento.

Hemetério (2021) argumenta que:

parece que não ser heterossexual e ser negro é fugir daquilo que tá construído. Então, seria uma desconstrução. As lésbicas, as bissexuais que são cis, mulheres travestis, as mulheres transexuais e os homens transexuais vêm pra dizer que vocês estão equivocados, nós também temos outras orientações, e o movimento continua caminhando ignorando isso, ignorando!

Essas discriminações são percebidas de forma mútua. A autora Lemos (2016) aponta que a identidade lésbica nesses espaços foi colocada à margem das discussões, a ordem e o caráter desses movimentos se dirigem para o nosso apagamento. Não raro, as sapatonas, lésbicas e bissexuais na dinâmica de luta contra-hegemônica, perceberam que além das práticas lesbofóbicas, a homofobia estava presente contra homens gays. Muitos dos companheiros de luta contra o racismo não suportavam ver a nossa subversão contra a ordem e a cultura patriarcal *cis*heterossexual. No bojo efervescente das discussões e disputas políticas no movimento negro, Hemetério (2021) fala sobre a masculinidade dos homens negros. Para ela:

> Segundo esse mito da sexualidade negra, que é tão referendado, né? É tão reforçado, não só pelos brancos, mas pelos negros, principalmente pelos homens negros, né? Isso é uma marca, eles incorporaram isso como uma grande qualidade no meio do racismo tão cruel. Então, você ter um negro, fodão, né? Que deveria ser o fodão do pau grande, [mas] que tá se comportando como uma mulherzinha, porque ser gay, é se comportar como uma mulher na sua subalternidade, né? Bom, a gente escutava dizer que negro gay, era maluco, homem preto, viado, era maluco, era assim que se falava na década de 1970, 80 (HEMETÉRIO, 2021).

Hemetério (2021) marca que, as masculinidades negras exercitadas no interior do movimento negro e na sociedade são constituídas hierarquicamente nas relações de poder. A construção dessa masculinidade é agenciada por uma combinação de categorias hegemônicas como o racismo, o capitalismo e o patriarcado para a manutenção do *cistema* sexo-gênero (PINHO, 2014).

Quando um homem negro gay subverte a *cis*heterossexualidade, sua imagem é automaticamente reduzida para a de uma "mulherzinha". Abre-se daí precedente para narrativas misóginas, machistas, administradas pela cultura e ordem *cis*heteropatriarcal, padrão de poder destinado aos homens na condição de oprimir as mulheres.

No texto "A vontade de mudar: homens, masculinidades e amor", hooks (2018) fala sobre os únicos sentimentos permitidos aos homens, que são, obviamente, autorizados e balizados pela cultura patriarcal. A eles também é atribuído, pela mesma cultura, o controle de nossos corpos, mas, a nossa autonomia e liberdade é um prato cheio de poder, que, além de incomodar, está engasgado na garganta deles, de modo que, "nem mesmo para amar e respeitar as mulheres livres os homens estavam dispostos a vir para a mesa do amor, como parceiros iguais, prontos para compartilhar do banquete" (HOOKS, 2018, p. 1).

Homens negros assumem uma ilusão sobre o patriarcado, *cistema* brancocêntrico, antinegro que, em suas artimanhas racistas, doutrina-os para cair numa armadilha que é o caminho da morte.

Compreendo quando Kilomba (2019, p. 105) nos atenta que:

> [...], além disso, aplicar a noção clássica de patriarcado a diferentes situações coloniais é igualmente insatisfatório por não explicar o porquê de homens *negros* não usufruírem dos benefícios do patriarcado *branco*. Há estruturas de poder muito óbvias tanto na formação colonial como na escravagista.

A cultura do patriarcado indissociável da barbárie racial age na subjetividade dos homens negros, criando um falso poder, enviesado contra a sua própria existência e colidindo na vida das mulheres negras. A lésbica afro-americana Bárbara Smith questiona que "nós lutamos juntas com homens negros contra o racismo, enquanto lutamos contra homens negros a respeito do sexismo" (SMITH *apud* KILOMBA, 2019, p. 106).

Curiel (2011; 2017) afirma que a [cis]heterossexualidade imperativa segue como um mecanismo, uma tecnologia de controle dos corpos das mulheres, e, para além das relações sexuais, a *cis*heterossexualidade se posiciona como uma instituição política, constituída na manutenção da opressão e subordinação das mulheres.

Aqui, Hemetério (2021) traz a mesma problematização, ao rememorar a lesbofobia de um integrante do movimento negro, Renato Radical. Mesmo sendo companheiro de luta, nada o impediu de exercer um comportamento machista, misógino e lesbofóbico, ao destilar seu ódio contra as sapatonas, lésbicas e bissexuais, vislumbrando o nosso apagamento no interior do movimento negro. Sobre esse efeito, Hemetério (2021) relata:

> As mulheres lésbicas não existiam. Acabou de falecer agora, durante a [pandemia da] Covid-19, lamentavelmente, um grande companheiro. Ele era um grande companheiro de luta, era um machista do cão, era Renato Radical. Renato Radical me criou um constrangimento, sabe? O constrangimento que me fez chorar, diz o seguinte: que mulheres lésbicas, negras, não existiam, as mulheres preferiam ser amantes de homens casados, que serem lésbicas. Quando a gente tinha uma vida lésbica, a gente tinha sido cooptada por mulheres sapatão brancas. Era assim que se falava, grosso modo, eles não tinham nenhuma noção. Não é pauta deles, não é pauta deles discutir gênero, não é pauta deles discutir violência doméstica e não é pauta discutir lesbofobia, transfobia e bifobia. De vez em quando aparece um que fala: Heliana, mas nós discutimos. Nós quem? Nós quem? Qual é a pauta? Qual é a pauta? Um dos nossos grandes desafios nos movimentos é discutir racismo, discutir gênero, sabe? Discutir lesbofobia, que existe no movimento LGBT. Os gays são lesbofóbicos, né? E dentro do movimento, é importante a gente debater isso, essa pauta. O movimento negro não tem a pauta de gênero e sexualidade.

Sermos interditadas dos debates políticos, no interior dos movimentos, só reforça a importância da interseccionalidade e de como ela coloca as lentes para questionar, não somente a opressão dentro de uma concepção do patriarcado, mas também em uma perspectiva que investigue como se articulam outras forças hegemônicas que reforçam o apagamento das lésbicas das mulheres negras que se identificam como sapatonas, lésbicas e bissexuais.

São muitos os desafios enfrentados no cotidiano para a construção de nossas identidades e de nossos pertencimentos, e é nesse sentido que continuamos resistindo diante das desigualdades sociais intersectadas nas relações sociais de gênero, classe, raça e sexualidade, frente ao *cistema* de poder que constrói violências sobre nossas trajetórias de vida.

5.2 ENVELHECIMENTO LÉSBICO: "QUE ESSE PEITO CAÍDO SEJA DIGNO DE AFETO"

Reconhecer o envelhecimento que faz parte da vida, não pode ser olhado como uma coisa negativa. Você não pode olhar pro seu corpo, pro seu peito, que tá caindo, né? Que ele vai cair, e vai cair mesmo, como um peito que não seja digno de afeto
(HEMETÉRIO, 2021).

Pensar o envelhecimento como processo natural da vida é fundamental, ainda mais quando se trata de um corpo generificado e racializado de uma mulher negra lésbica diante de uma sociedade historicamente lesbofóbica. Hemetério (2021), no que se refere ao envelhecimento de mulheres negras lésbicas, aponta para a subjetivação do corpo na constituição e fortalecimento da autoestima, importa e é legível autorizar-se ao prazer do envelhecimento, do pertencimento de si, gozando a pujança de uma vida vivida.

Para Hemetério (2021):

> Aos cinquenta anos eu comecei a pensar nisso. Estou envelhecendo, como quero envelhecer? Eu quero envelhecer com uma saúde melhor possível. Eu tenho um astral muito alto, sempre tive. Eu tinha preocupações porque eu tenho filhos, né? E a autoestima ajuda muito, eu diria que é um grande gancho de você envelhecer, ter a autoestima que reconheça o processo do envelhecimento. A sua barriga que não é mais aquela barriga tanquinho, o cabelo fica branco, a sobrancelha fica branca, os pentelhos estão brancos. Os sinais de rugas, um pé de galinha. Você já não consegue ficar acordada até quatro horas da manhã e se você fica acordada até às quatro horas da manhã, você tem que dormir o outro dia todo, você tá cansadíssima, é diferente quando você é nova. Então, passar por esses processos, entendendo que são processos do envelhecimento, e não fazer disso um carma, um castigo, um problema sério, sabe? Um peso, não pode.

Hemetério (2021) elabora a invalidação de um modelo de envelhecimento, que é projetado aos moldes do capitalismo, no que se refere a indústria do rejuvenescimento (ANTÓNIO, 2020) sem cair nas armadilhas racistas produzidas pelas imagens de controle (COLLINS, 2019), afinal, o pensamento dominante, arremessa um envelhecimento que extingue a diversidade e as especificidades do envelhecer, prendendo o corpo em uma cultura homogênea e brancocêntrica. Esse modelo hegemônico é problematizado no depoimento de Hemetério (2021), que enxerga a sua própria autodefinição como mulher negra, lésbica e idosa, que se reposiciona como sujeita de sua própria história.

Hemetério (2021) reflete sobre a solidão e o envelhecimento das mulheres negras que dissidem sexualmente. Essa solidão é sentida *a priori* nas relações familiares, forjadas num modelo *cis*heteronormativo, e que são responsáveis pela construção do preterimento e da ausência de afetividade destinada a nós no seio familiar

> Como é esse envelhecimento da mulher negra e lésbica? Estamos fora do contexto familiar. A gente poderia envelhecer entre as cunhadas, né? Entre as irmãs, entre as sobrinhas, entre a família. Estamos todas envelhecendo! Cada uma envelhecendo no seu espaço, cada uma podendo falar desse envelhecimento, falar dessa

dor do envelhecer, falar desse corpo que envelhece. Nós, lésbicas negras, ainda temos um outro agravamento, a maioria de nós não vive junto da família, ou podemos até dizer assim: não, a minha família sabe que eu sou lésbica. Uma coisa é saber que você é lésbica, outra coisa é o acolhimento, né? Outra coisa é o acolhimento familiar, é você tá inserida entre as idosas da família. Você ser uma lésbica idosa que convive com a irmã, com a cunhada idosa, sabe? Que pode discutir com essas idosas hétero as questões do envelhecimento. Nós não temos isso! Envelhecer como uma lésbica negra, eu diria a você, é mais difícil do que como uma mulher hétero, é uma solidão. É uma solidão familiar, é uma solidão na sociedade e é uma solidão entre as nossas, porque nós não estamos falando disso (HEMETÉRIO, 2021).

O que é elucidado por Hemetério (2021) esteve presente na minha adolescência e juventude, mas só na vida adulta que eu consegui encontrar um caminho possível para falar naturalmente com a minha família sobre minhas relações com mulheres. É preciso ter coragem para eliminar o medo, a insegurança, a rejeição, uma vez que, romper com modelos *cis*heteronormativos, pode custar o colo, a atenção, o acolhimento de nossas famílias, mas também pode nos dar energia vital para sairmos da moldura empoeirada colonial e cristã, presente no imaginário de nossas famílias.

Hemetério (2021) completa:

> A gente trouxe essa questão do movimento. A gente construiu essa pauta de lesbianidade e racismo, não foi à toa. E nós precisamos falar dessa e de várias coisas, temos que falar dessa lesbianidade negra que envelhece, a lesbianidade negra que está fora da família, né? Entender o que é ser aceito de fato. Uma coisa é: minha mãe sabe que eu sou lésbica, outra coisa é: a família reunida no Natal e eu faço parte dessa família? Eu passo o Natal com essa família e com a minha companheira? E ela é tratada exatamente como meus cunhados? Como minhas cunhadas? Isso é ser aceito. Isso é um outro debate que a gente tem que fazer, porque a partir desse debate, nós estaremos inclusas e nós vamos envelhecer na família como outro membro da família. E dentro do movimento nós temos que ter um papel de uma lésbica idosa, principalmente, nós, ativistas, que estivemos sempre no ativismo, estamos em outro patamar, mas nós estamos contribuindo e produzindo, sabe? Nós temos que ser referência, isso não é vaidade.

Hemetério (2021) analisa o caráter das políticas públicas mediante seu aspecto político-social-*cis*heteronormativo, e, por conseguinte, esse projeto em curso provoca ausência de pertencimento da população LGBTQIA+ nos espaços públicos. Para Hemetério (2021):

Quando você olha o espaço público, da saúde pública, não há nada voltado [para nós]. Primeiro, existe política pública que inclui? Que inclui a população LBT, LGBT? Inclui, mas inclui no papel, na teoria, mas não inclui na prática. Então, pensar no envelhecer é importantíssimo, e a gente ainda não está trazendo entre nós a questão do envelhecimento e as questões do envelhecimento de mulheres negras. O pacote das mulheres negras, esse pacote do envelhecer, das dificuldades que nós temos enquanto mulheres negras. E entre essas mulheres negras, estão as lésbicas negras. Então, a gente entra nesse dia a dia, né? Na luta pela sobrevivência e não pensa que precisamos refletir como vamos envelhecer, envelhecer da melhor maneira possível.

Na vivência de Hemetério (2021), a interseccionalidade emerge marcando que há um esvaziamento das políticas públicas que não abordam efetivamente a diversidade de outros corpos, sobretudo, das mulheres negras idosas que são lésbicas. A interseccionalidade insurge com criticidade no enfrentamento às estruturas de poder materializadas em modelos *cis*heteronormativo-patriarcais-racistas-capitalistas.

A sociabilidade do envelhecimento lésbico é um desafio. Somos afetadas por marcadores de diferenças que determinam desigualdades sociais, econômicas, políticas e culturais. Logo, é crucial refletir sobre a visibilidade desse corpo na sociedade, que não é aceito por ser negro, por ser velho, por ser gordo, deficiente, mas que permanece reexistindo ao *cistema* moderno colonial de gênero.

Em 2004, a luta do movimento LGBTQIA+ teve como uma das conquistas o Brasil Sem Homofobia (BSH), lotado na Secretaria de Direitos Humanos da então presidência da República. O programa BSH articula-se com outros ministérios com objetivo de executar e promover a garantia dos direitos da população LGBTQIA+. É urgente inserir o debate do racismo conectado com outras categorias no Programa Brasil Sem Homofobia (2004), assim:

> O debate sobre a não discriminação com base na orientação sexual foi retomado de forma organizada durante o processo preparatório para a Conferência Mundial contra o Racismo, a Discriminação Racial, a Xenofobia e Formas Conexas de Intolerância, realizada em Durban, África do Sul (2001). A preparação da posição do Brasil na Conferência de Durban envolveu ampla participação da sociedade civil organizada, onde, na oportunidade, o tema da discriminação com base na orientação sexual foi um dos principais problemas levantados. [...] enquanto existirem cidadãos cujos direitos fundamentais não sejam respeitados por razões relativas à discriminação por: orientação sexual, raça, etnia, idade, credo religioso ou opinião política, não se poderá afirmar que a sociedade brasileira seja justa, igualitária, democrática e tolerante [...] (BSH/SDH, 2004).

Pensar a importância da interseccionalidade como um instrumento teórico-metodológico é enfrentar as hierarquias de frente e retirá-las do pano de fundo. Ela nos permite uma investigação político-social, com criação, articulação e organização de intervenções estratégicas contra as opressões e explorações em um campo carregado de sexismo, racismo, machismo, LGBTQIA+fobia. Além disso, ajuda a perceber como as diferenças se apresentam em instituições para a garantia do direito das pessoas idosas: o que significa dizer que ser uma sapatona negra e idosa é um demarcação a mais para as discriminações se fazerem presentes.

Hemetério (2021) relata que:

> Eu fui do Conselho Nacional de Saúde. Você não tem ideia! E eu fui da comissão das políticas públicas para a terceira idade. Nossa senhora! Você fala que você é lésbica, ah! Aí tem aquele silêncio dos velhinhos, entendeu? E das velhinhas e das não tão velhinhas. Como se lésbica não envelhecesse. Estou aqui enquanto uma lésbica e negra, né? Tem as questões da população negra, que você tem que falar da população negra. E aí você tem que falar do diferencial de ser uma idosa e você tem que falar do diferencial de ser uma idosa e lésbica, que está vivendo, que tá na vida, que tem uma companheira, que tem filho, que tem neto - que era o meu caso. E aí há uma perplexidade.

Hemetério (2021) segue nos movimentos desde a década de 1980, é referência para as lésbicas e sapatonas negras jovens, sempre ativa no enfrentamento da LGBTQIA+fobia, do racismo, da desigualdade de classe, de gênero e de geração. Sua fala direciona que nossos corpos estão alijados dos espaços de entretenimento, do lazer e da cultura, o que nos convoca a desobedecer a lógica estrutural. É urgente construir o debate com eficácia política, centralizado na interseccionalidade.

Hemetério (2021) esmiúça:

> Quando você vê esse programa da assistência social, baile de carnaval, São João, em que os idosos se juntam, né? Nesses projetos sociais também não há espaço para lésbicas, a gente não vai chegar ali e vai dançar uma com a outra, não vai falar de um amor perdido. O movimento tá sempre em torno da juventude e das mulheres adultas e não falam das mulheres mais velhas. E as mais velhas que estão sozinhas, continuam sozinhas e as lésbicas que estão casadas, estão casadas, sabe? As ativistas lésbicas mais velhas, que são as mais idosas, estão voltadas e inclusas no projeto político de direitos para lésbicas, para lésbicas negras, na nossa luta contra a lesbofobia, esquecem que há uma luta maior, a luta maior de pensar que somos várias, de várias idades, né? Entre essas [lésbicas] estão as questões geracionais. O que é uma mulher transexual e uma travesti envelhecer?

Nós lésbicas ainda temos as dificuldades do envelhecimento, não estamos trabalhando isso. O que acontece com as mulheres cisheteronormativas? As mulheres cisheteronormativas, elas falam disso, né? Estão juntas, as senhoras negras viúvas, elas são amigas, tão na igreja, tão aqui, ou tão lá ou tão cá. Outra coisa, nós não temos esses espaços.

De acordo com Crenshaw (2002), a interseccionalidade identifica outros marcadores estruturantes que operam na constituição de desigualdades. Diante desse olhar, a classe não se sobrepõe à raça nem ao gênero. São categorias que agem concomitantemente, em uma combinação de exploração que orquestra as relações sociais, subalternizando as mulheres negras que são sapatonas, lésbicas e idosas.

Quais são os impactos desse envelhecimento nas relações sociais e de gênero? Hemetério (2021) rompe com a lógica de um discurso de melhor idade. Melhor idade para quem? Qual população tem o prazer do envelhecimento saudável? Qual a cor desse corpo que está envelhecendo de forma saudável?

A Constituição Federal de 1988 estabelece que a saúde no Brasil se organiza em uma configuração "ampliada". Do mesmo modo, a Organização Mundial de Saúde (OMS) defende que o conceito de saúde não deve se restringir a "ausência de doenças", "a saúde é decorrente do acesso das pessoas e coletividades aos bens e serviços públicos oferecidos pelas políticas sociais universais [...]" (BRASIL, 1988, art. 194). O Sistema Único de Saúde (SUS) 8080/90 traz em seus princípios a Universalidade, Integralidade e Equidade, entretanto, a vivência de Hemetério (2021) reflete um cenário de exclusão:

> [...] quando a gente fala da saúde das lésbicas, ainda cometemos erros de falar sempre na saúde ginecológica, na falta do material ginecológico, que o Ministério da Saúde não provê. A saúde integral do corpo é muito além da saúde ginecológica, né? Mas não tem uma demanda de saúde integral e quando falo em saúde integral, é o bem viver, o estar bem, envelhecer bem, sabe? E aí você liga a televisão e é tudo voltado para a classe média branca de idosos, que faz viagem pelo Brasil e pelo mundo.

Hemetério (2021) enfatiza o bem viver, referindo-se à incompatibilidade de vivenciá-lo em uma sociedade que não nos permite acessar a dignidade, porque o racismo, o sexismo, a desigualdade de classe e a lesbofobia, nos interditam de gozar de uma saúde integral para o bem viver, e, por consequência, nos roubam de saborear esse deleite que é viver a saúde de forma ampliada, como preconiza a Organização Mundial de Saúde (OMS).

A realidade é bem diferente para as lésbicas e sapatonas negras. Como experimentar essa "melhor idade", se a nossa trajetória está forjada na luta por uma vida sem violências lesbofóbicas? Uma lésbica negra, gorda, com deficiência, que não performa uma feminilidade hegemônica irá vivenciar o adoecimento psíquico e social, sentindo as dores no corpo, por viver continuamente o risco de ser excluída e rechaçada pela sociedade. Nesse percurso, seguimos vigilantes para não sermos vítimas de estupro corretivo, na luta por emprego digno, segurança alimentar, moradia, pelo direito à saúde, à justiça social e contra as forças hegemônicas que nos oprimem todos os dias.

Essa "melhor idade" está enquadrada nas especificidades das lésbicas e sapatonas negras? Como vamos alcançá-la se a nossa vida está sendo direcionada para sermos sucumbidas pelas forças dominantes? Sendo assim, qual é o significado de envelhecer em uma sociedade enredada de violências interseccionais? Para as que não chegaram à velhice, será que vamos envelhecer com qualidade de vida? E como estão as lésbicas negras idosas vivendo o envelhecimento? Afinal, de que envelhecimento estamos falando?

Infelizmente somos aquelas que não fecham os olhos contra o patriarcado, o racismo, o sexismo, a lesbofobia, a desigualdade de classe e de gênero. O nosso corpo se apresenta cansado dos nãos, da invisibilidade, e, ainda sim, pisamos firmes abrindo caminhos.

Segue Hemetério (2021) ao referir sobre o seu processo de envelhecimento:

> A gente já sente o corpo demarcando uma série de coisas, você tem artrose, você tem pressão alta, você tem AVC — feito eu, que fui surpreendida por um AVC, surpreendida! Porque eu não pensava em ter um AVC, mas eu tinha a consciência do meu envelhecimento. Eu sempre me preocupei muito com o envelhecimento. Nós passamos por discriminações na nossa vida, né? A discriminação do racismo, de gênero, a lesbofobia. A nossa grana é pouca, então, a gente não tem acesso a essa questão de ir pra academia, uma academia da terceira idade, sabe? Esses espaços que são espaços criados e frequentados por mulheres brancas e idosas, que conseguem viver de uma maneira mais coletiva e falar entre si dos seus problemas, enquanto idosas. Quando vamos olhar a questão da saúde? O projeto de saúde da terceira idade? O projeto político de saúde para o idoso, não há o recorte para lésbicas, para gays e para mulheres transexuais e travestis. Não estamos inclusas. Então, tudo é voltado para mulheres idosas cishétero. Outra coisa: a saúde tá sempre voltada para a doença, é a falta do remédio, é a falta da assistência médica, é a doença. Ninguém tem um projeto de saúde voltado para a vida, para o bem viver, né? Então, você não tem um projeto coletivo para fazer aquela

ginástica ao ar livre e, consequentemente, não entram aquelas senhoras, mulheres lésbicas e negras.

Do ponto de vista da saúde, Werneck (2016, p. 545), argumenta que o racismo é determinante na produção das injustiças sociais para a população negra, em especial, na vida das mulheres negras. E a superação desse fenômeno está no investimento de "ações afirmativas" no sentido de "superar as barreiras interpostas ao exercício do direito à saúde pelas mulheres negras".

O Programa Brasil Sem Homofobia (2004) articulado com a portaria nº 2.836, de 1º de dezembro de 2011 "institui, no âmbito do Sistema Único de Saúde (SUS), a Política Nacional de Saúde Integral de Lésbicas, Gays, Bissexuais, Travestis e Transexuais" (Política Nacional de Saúde Integral – LGBT). Essa portaria, em especial, revela os efeitos determinantes de saúde que se materializam na "[...] exclusão social decorrente do desemprego, da falta de acesso à moradia e à alimentação digna, bem como [na] dificuldade de acesso à educação, saúde, lazer, cultura [que] interferem diretamente na qualidade de vida e de saúde"; e baseado em um dos seus objetivos, busca:

> instituir mecanismos de gestão para atingir maior equidade no SUS, com especial atenção às demandas e

necessidades em saúde da população LGBT, incluídas as especificidades de raça, cor, etnia, territorial e outras congêneres (BRASIL, 2011).

Hemetério (2021) explica como as violências interseccionais são organizadoras da exclusão das mulheres negras sapatonas, lésbicas, e o quanto tais violências impactam nas dimensões material e simbólica da vida. Ser lésbica, sapatona, negra e idosa é ter uma vida carregada de violações de direitos, e além delas marcarem presença nas relações sociais, estão fincadas nas instituições sociais:

> Ser uma lésbica negra, não é ser lésbica branca, mas não é mesmo, sabe? Existe uma rede chamada REDE Lesbi Brasil,[53] a que eu pertenço. Ela foi criada pela Léo Ribas da LBL. Eu estou lá e eu vejo as meninas conversando e disputando trabalhos acadêmicos o tempo todo. É uma disputa acadêmica, é um texto não sei de quem, é o texto não sei de quem, é o texto, é o texto e eu fico pensando: tá bom, elas estão falando com quem, Dedê? Com quem, Dedê? Sabe, nós precisamos falar com as outras que estão aí. Sabe? O que adianta a

---

53. "É uma rede que articula nacionalmente ativistas e acadêmicas chamada REDE LésBi Brasil. Foi construída em 2019, tem como objetivo principal a conexão entre academia e movimento social". Disponível em: https://medium.com/@redelesbibrasil/rede-l%C3%A9sbi-brasil-24777677f1d5. Acesso em 09 jun. 2023.

gente ler tanto? Adianta, porque nós acumulamos, nós podemos elaborar, né? A gente lê e elabora, mas nós temos que falar com as outras, as outras que estão aí, lésbicas e negras, periféricas.

Nessa linha de pensamento, continua:

Eu trabalho com um grupo, e esse ano não pude nem trabalhar, lamentavelmente a tristeza da pandemia com as meninas lésbicas do Parolin,[54] né? Menina lésbica que trabalha no tráfico. E é com ela que eu vou conversar. Você imagina o que é ser uma lésbica negra na cidade de Curitiba? Num bar, a gente fica lá batendo papo e eu escuto, o meu projeto com elas de construção é: 'eu vou escutar vocês, eu não posso chegar, eu não sou dona da verdade'. É outro entendimento geracional que falta, porque as mais velhas querem chegar perto das mais novas dando, falando: 'Por que isso? Por que aquilo?' Não! Tem que escutar! Sabe por quê? A discriminação que eu sofri, eu sofro enquanto uma lésbica negra até

---

54. Bairro da cidade de Curitiba que apresenta tamanho paradoxo. A cidade de Curitiba é conhecida como modelo de desenvolvimento social e urbano, o bairro Parolin é a própria contradição. Ana Carolina Caldas (2019) explica que esse bairro apresenta um péssimo índice de desigualdade social e econômica: "Vila Parolin apresenta os piores índices da cidade: o IDHM é de 0,623. Lá a realidade é cruel: falta de asfalto, de saneamento básico, lixos por todas as ruas, falta de casas, pessoas vivendo na beira do rio em área de risco e uma enorme valeta a céu aberto". Disponível em: https://www.brasildefatopr.com.br. Acesso em: 29 mar. 2021.

hoje. Então, eu não vou chegar e dizer 'porque no meu tempo, eu passei...', não! No meu tempo sofri constrangimento e você tá sofrendo hoje, porque não mudou, né? Preconceito não mudou, a discriminação não mudou. Então, eu tenho que escutar a menina jovem, sim, porque a discriminação que eu passei, ela continua passando. Eu não posso conversar com as jovens que eu sou dona da verdade, que eu sei tudo? Não! As nossas dores são as mesmas, mas elas modificam, né?, como é que a família se comporta com ela? Será que é a mesma coisa que eu passo? São trocas, isso é um outro nó das gerações.

Hemetério (2021) e Lorde (1984) chamam atenção para o fato de que a academia não nos livra das violências interseccionais. Os títulos acadêmicos, os capitais econômicos e sociais não nos blindam de sofrer racismo, sexismo, feminicídio e lesbocídio, mas a luta coletiva sempre foi a substância da nossa resistência.

Essa crítica bastante pertinente e provocadora de Hemetério, se conecta com o livro de hooks (1994), *Ensinando a Transgredir: a Educação como Prática da Liberdade*, e me faz refletir sobre o fato de que, se não estivermos atentas a desobedecer a lógica androcêntrica e racista da academia, de nada adianta ocupar esses espaços. Afinal, a armadilha segue armada e podemos incidir no equívoco de reproduzir as normas hierárquicas e petrificadas da academia.

A maternidade lésbica é uma outra questão que lésbicas negras têm enfrentado em uma sociedade em que a *cis*heteronormatividade é uma categoria dominante. A maternidade não está enraizada na cisheterossexualidade, como não é propriedade exclusiva da cisgeneridade.

Hemetério (2021) completa que:

> Quando eu digo no meio das idosas que eu sou lésbica, fica aquele olhar assim, 'mas você casou?', todo mundo quer saber como é que eu tive os filhos e não sei o que, sabe? 'Como é que pode, lésbica com filho?' Elas querem saber em que hora eu tive homem, né? Essa curiosidade, 'como é que é? Essa história de ter filho e agora é lésbica?' E eu não sou obrigada a falar da minha vida, né? Então, você sofre a discriminação sempre. Então, isso acontece o tempo todo e a gente tem que saber disso e falar disso com as mais novas no momento de dialogar.

A vivência de Hemetério (2021) revela que a maternidade das mulheres lésbicas marca um desconforto para a sociedade. É hilário, para não dizer trágico, ainda sermos atravessadas pelo imaginário e comportamento social cisheteronormativo que sustenta a via única de configuração familiar, sobretudo, aquela que se caracteriza como nuclear cisheteronormativa compulsória. Essa se expõe aos meus olhos como uma composição familiar mofada, cafona, LGBTQIA+fóbica, que não resguarda constrangimento algum ao destilar repulsa, acompanhada de violências sobre outras identidades de famílias.

Sobre famílias que rompem com o padrão *cis*normativo e inscrevem suas identidades ao enfrentar estruturas hegemônicas patriarcais, a autora Silva (2017) diz:

> As famílias compostas por casais do mesmo sexo também passaram a ser mais perceptíveis, embora não possamos afirmar que essa configuração seja uma novidade — a visibilidade atual é que nos permite perceber sua existência. A possibilidade de adoção conjunta e as novas tecnologias de reprodução assistida têm ampliado as opções e permitido, por meio de novas formas, a vivência da maternidade e da paternidade nessas famílias. Apesar dessa maior abertura e de alguns avanços na conquista de direitos, ainda há, na experiência desses indivíduos, situações de discriminação e preconceito, o que impacta nas suas relações com a família, instituições e sociedade (SILVA, 2017, p. 13).

Sigo com Hemetério (2021) ao afirmar que:

> precisamos trabalhar entre nós as nossas dores, as dores de que não somos mais jovens, de que não temos o mesmo potencial físico. Temos o potencial mental,

temos o potencial intelectual, pensamos, continuamos a produzir, mas não somos mais aquelas, não somos, pronto. Eu quero dormir meia noite, eu consigo dormir meia noite e de manhã eu gosto de ficar deitada fazendo meditação. Então, a gente tem que pensar nisso, pensar nessa dor de que não somos mais jovens, embora tenhamos toda força ainda, né? De intelecto, mas não somos mais jovens, temos pouco tempo de vida, precisamos ter planos, mas pensar como ter planos, não dá pra ter planos de cem anos, planos de 50 anos, porque não vamos viver isso. A morte vai chegar, e a morte vai chegar para mim que tô com 69, para você que tem trinta e pouco, para outra. Todo mundo irá partir um dia e isso é uma coisa que não se discute, esse entendimento falta, a gente tem que falar disso. As outras, que nos antecederam, partiram, nós vamos partir, e quem vai ficar serão as mais jovens, é um processo da vida. E a gente não discute finitude. E precisamos discutir finitudes, né? Precisamos ter resiliência perante a própria vida, e não transformar a vida num peso.

Na arena da militância e trajetória de vida, Hemetério (2021) continua nessa guerra como filha de Ogum. A categoria envelhecimento tem gerenciado a sua existência como um projeto de vida para todas as lésbicas e sapatonas negras. As tramas da lesbofobia, do racismo, do sexismo não foram suficientes a ponto de interditar a sua autoestima, o pertencimento de si, e nos brinda com um relato emocionante sobre a vida, o envelhecimento, a afetividade entre nós, mulheres negras que se relacionam de forma afetiva-sexual com outras mulheres. Ela faz um chamado ao narrar que "o envelhecer não tira o prazer do corpo":

> Não, não é um peso, é a vida! Nascemos, vivemos, morremos, a finitude está aí. O viver está aí. E a gente não fala disso, sabe? Nós não estamos falando disso. Então, quem tem 45, 50, tem a obrigação de falar sobre o envelhecer: 'olha, vamos fazer uma oficina de envelhecimento?'. Como é que tá esse corpo que não é o corpo de 25? Como que tá a libido que não é a libido de 30?'. Porque a gente com trinta, quarenta, a gente tá queimando o óleo, né? Tá botando pra quebrar, mas eu quero dizer pra você que eu tô com 69 e tenho uma vida sexual ativa e muito boa. Muito boa! Eu sou uma mulher muito ativa sexualmente. E dizer também que o envelhecer não tira o prazer do corpo, nem a sua libido. E aí, quando você tem o prazer do corpo e tem libido, você tem que ressignificar esse corpo que tá envelhecendo, mas é um corpo que envelhece e te dá prazer e você não pode rejeitar esse corpo, você não pode entrar nessa história de 'ah, não quero ter mais ninguém', não, isso é uma vantagem entre lésbicas: nós não damos tanta importância ao corpinho, as mulheres não têm essa coisa, né?

Algumas sim, mas, a maioria, não. Então, a gente precisa pensar nessas coisas todas, como nós, lésbicas, vamos nos reunir. Por exemplo, eu tenho um grupo, várias companheiras de sessenta e poucos, e a gente conversa sobre isso (HEMETÉRIO, 2021).

DAS MARÉS DE MARIELLES ÀS REVOLTAS LUANAS: NENHUMA DE NÓS A MENOS

Neste capítulo, minhas irmãs, a intenção seria desenvolver a escrita irradiada de sentimentos molhados como nosso gozo. No entanto, ela irá desaguar, infelizmente, à base de sangue e dor, mas acima de tudo, construindo estratégias de resistências políticas para não sucumbirmos. É expondo nossas subjetividades, ora carregadas de vulnerabilidades, que encontramos a capacidade de produzir resistências. Anzaldúa (2005) chama atenção do movimento insurgente entrelaçado com a cultura subversiva, transgressora, cujo patriarcado racista não há de domar, porque nós, na realidade da vida, infelizmente, "dançamos com a morte" (LORDE, 2020, p. 117).

Por que é tão difícil encontrar a paz? Ser sapatão negra é sentir a morte vindo a galope ou te esperando na próxima esquina. Só por estarmos de mãos dadas com as nossas companheiras, e por sermos indóceis frente a uma estrutura universal cisheterossexual. Reflito que é tão complexo demorar-se nos braços da paz, de manifestar afeto em via pública, de poder dar um simples beijo na minha companheira confesso que essa experiência muitas vezes chega por via do medo. Como diz a poesia de Marcelino Freire, a "paz é coisa de rico", de branco, de quem está confortável vivendo a *cis*normatividade sexual, mas, para nós, LGBTQIAP+ que engrenamos outras rotas do que está posto, não temos quietude, não existe sossego. Completa Freire: "a paz parece que está rindo de mim. Reparou? Com todos os terços. Com todos os nervos. Dentes estridentes".[55] Essa paz não chegou aqui, ela tem cor e cara branca, ela não condiz com a nossa diversidade em viver. Ela não se apresenta para mim, para nós, para os filhos e filhas que perderam suas mães sapatonas, lésbicas e bissexuais, mulheres cis e transexuais que dissidem sexualmente. A paz não se apresenta para as mães, que talvez nem tenham mais lágrimas de tanto chorar, que estão com os joelhos ralados suplicando por justiça pela morte de suas filhas e de seus filhos.

---

55. "Da Paz", poesia de Marcelino Freire contrastando a categoria "paz" enraizada no modelo hegemônico do Estado-nação, esta que não dialoga com a população negra, indígena, LGBTQIA+. Disponível em: https://www.geledes.org.br/da-paz-de-marcelino-freire-por-naruna-costa/.

Este capítulo conseguiu paralisar meu corpo pelo período de três meses. A escrita não avançava, coagulou dentro de mim, como uma poça de medo (ANZALDÚA, 2000).

A sensação era como se estivesse correndo da morte. Chorei, gritei, procrastinei, fugi, até que já era a hora de reverberar a indignação e enfrentar o medo sem reduzir-me a ele. Já que, rememorando Lorde (2020), eu danço com a morte. Na realidade, perdi as contas das vezes que me ergui contra a morte, e, se estou viva, é porque enfrento a morte marcada pelo racismo e pela lesbofobia todos os dias, cara a cara.

Ser sapatão é florescer para o amor, mesmo sendo empurrada para a marginalização, ainda que existam olhares que produzam desprezo e nojo sobre nossa existência. É necessário seguir engajada numa política de reivindicação de pulsão de vida.

Essa política está no amor-próprio e ramifica-se no coletivo, posto que "o amor-próprio não pode florescer no isolamento" (HOOKS, 2020, p. 94). Como exemplo temos os grupos de pesquisas acolhedores, os movimentos e as organizações de lésbicas no Brasil que estão no fronte, articulados teórica, política e juridicamente, jogando luz sobre a visibilidade lésbica. Podemos citar algumas dessas organizações, segundo as autoras Brunetto e Ribas (2021), como o Laboratório de Estudos e Pesquisas em Lesbianidade, Gênero, Raça e Sexualidades (LES), lotado na Universidade Federal do Recôncavo Baiano; Rede Um Outro Olhar; Nuvem Sapatão; Liga Brasileira de Lésbicas (LBL); Rede Nacional de Lésbicas e Bissexuais Negras e Feministas Autônomas (Candaces); Rede Nacional de Ativistas e Pesquisadoras Lésbicas e Bissexuais (REDE LésBi Brasil) (BRUNETTO; RIBAS, 2021, p. 72).

Para sobreviver neste "mundo moinho",[56] as sapatonas, lésbicas e bissexuais, sejam elas cis ou transexuais, contrapõem a sexualidade asfixiante universal cisnormativa e apostam em sua autodefinição. Sob a luz de Lorde (1984), reforçamo-nos, nós que somos lésbicas, gordas, velhas, com deficiências e invisibilizadas diante de estruturas opressoras, reafirmamos que nossos sonhos não são mesquinhos — nas encruzas dessas esquinas, o nosso sonho ainda é viver, é pelo direito de existir com dignidade. No tocante a readaptação da composição de Cartola, canção de 1976, giro a roda com "AmarElo" canção de Emicida de 2019, que imprime notas políticas, ressoando a importância da autodefinição.

A autodefinição corresponde com o livro *Lugar de fala*", da filósofa e intelectual negra, Djamila Ribeiro (2017). Ao reconhecer este lugar de fala, nós, como mulheres negras desobedientes da sexualidade hegemônica podemos interditar o "olhar do colonizador

---

56. Readaptação da canção "O mundo é um moinho" do artista, cantor e compositor Cartola.

sobre nossos corpos, saberes, produções e, para além de refutar esse olhar, é preciso que partamos de outros pontos" (RIBEIRO, 2017, p. 35). Essa afirmação dança no mesmo ritmo de "AmarElo": "permita que eu fale não as minhas cicatrizes. Achar que essas mazelas me definem é o pior dos crimes. É dar o troféu pro nosso algoz e fazer nóis sumir",[57] ou seja, quando recusamos o assujeitamento, desafiamos o *modus operandi* desse *cistema* que insiste em orquestrar violências contra as nossas existências. Do mesmo modo, nossos corpos expõem que, apesar das feridas inflamadas, elas não foram marcadas pelas nossas digitais, mas, provocadas por este mundo moinho.

O feminicídio no Brasil tem repercutido na sociedade como resultado de esforços coletivos, envolvendo os movimentos sociais feministas comprometidos com o projeto de vida das mulheres. Todavia, há de se problematizar que, instituições públicas enraizadas na LGBTQIA+fobia não assumem um empenho que trate os assassinatos de mulheres lésbicas como componente do lesbocídio, de acordo com o dossiê "Lesbocídio: As histórias que ninguém conta", do grupo de pesquisa do Núcleo de Inclusão Social (NIS) e do NÓS: dissidências feministas da UFRJ, construído pelas autoras Milena Cristina Peres, Suane Felippe Soares e Maria Clara Dias (2018).

---

57. Canção "AmarElo", de Emicida (2019) com a participação da Pabllo Vittar e da Majur.

O dossiê foi elaborado a partir dos dados de uma importante pesquisa realizada entre 2014 e 2017, e explicitou as múltiplas violências e vulnerabilidades que acarretaram no lesbocídio e suicídio de sapatonas, lésbicas e bissexuais no Brasil. De modo geral, o dossiê surge como um material político para que a trajetória e a memória de resistências lésbicas não sejam colocadas à margem.

A metodologia interseccional é imprescindível para analisar os fatores destes assassinatos, cuja matriz de opressão, seja de gênero, classe, raça, etnia, sexualidade, território, dentre outras, elenca categorias que atuam de forma conjunta nas trajetórias de vida destas mulheres. A combinação dos marcadores dessa matriz é determinante no contexto político, econômico e social, no qual as diferenças se constituem em desigualdades e essas, quando não problematizadas, são naturalizadas.

A Lei do Feminicídio nº 13.104/2015 instituída no Código Penal:

> Altera o art. 121 do Decreto-Lei nº 2.848, de 7 de dezembro de 1940 — Código Penal, para prever o feminicídio como circunstância qualificadora do crime de homicídio, e o art. 1º da Lei nº 8.072, de 25 de julho de 1990, para incluir o feminicídio no rol dos crimes hediondos (BRASIL, 2015).

Essa lei informa o crescimento da pena de:

1/3 (um terço) até a metade se o crime for praticado: durante a gestação ou nos 3 meses posteriores ao parto; contra pessoa menor de 14 anos, maior de 60 anos ou com deficiência; na presença de descendente ou de ascendente da vítima" (BRASIL, 2015).

A Lei do Feminicídio está condicionada "por razões da condição de sexo feminino" (BRASIL, 2015) não demarcando a identidade de gênero e orientação sexual, o que causa um mal-estar nos estudos sobre sexualidade, pois a não materialização desses dados corrobora com a invisibilidade das mortes de mulheres cis e transexuais que são sapatonas, lésbicas e bissexuais, conforme informa o Atlas da Violência 2021 do IPEA.

Observe que no contexto do feminicídio no Brasil, a pesquisa aponta que:

Em 2019, 66% das mulheres assassinadas no Brasil eram negras. Em termos relativos, enquanto a taxa de homicídios de mulheres não negras foi de 2,5, a mesma taxa para as mulheres negras foi de 4,1. Isso quer dizer que o risco relativo de uma mulher negra ser vítima de homicídio é 1,7 vezes maior do que o de uma mulher não negra, ou seja, para cada mulher não negra morta, morrem 1,7 mulheres negras (CERQUEIRA *et al.*, 2021, p.38).

Nas análises das mulheres não negras apresentadas pelo Censo Demográfico do IBGE, as mulheres indígenas entram nessa categoria. No que diz respeito ao apagamento da nossa orientação sexual, o dossiê "Lesbocídio: As histórias que ninguém conta" informou que em 2015, através do Conselho Indigenista Missionário (CIMI) e da Secretaria Especial de Saúde Indígena (SESAI) foi registrado um quantitativo de "137 vítimas indígenas assassinadas no Brasil. Destas 94% eram homens e 6% mulheres" (PERES; SOARES; DIAS, 2018, p. 22).

As autoras problematizam esse quantitativo, pois não correspondem com a realidade das violências e assassinatos que atravessam a vida das mulheres indígenas, uma vez que, é "[...] improvável que menos de 10 mulheres indígenas tenham sido assassinadas no Brasil em 2015" (PERES; SOARES; DIAS, 2018, p.23). O "Relatório violência contra os povos indígenas no Brasil: dados de 2020" computou 182 assassinatos e dentre estes, 55 foram de mulheres indígenas. As autoras ainda afirmam que:

> As lésbicas estão presentes em todas as raças/etnias, classes sociais, religiões, regiões, idades e contextos culturais. Há uma urgência na melhoria dos dados sobre a população negra e também no aprofundamento de dados sobre os homicídios de muitas outras minorias, tais como

as lésbicas e a população indígena, a fim de conhecer a realidade das mortes que atingem essas pessoas (PERES; SOARES; DIAS, 2018, p. 22).

Experiências de mulheres negras, indígenas, trans e cis que são sapatonas, lésbicas e bissexuais assumem uma política sexual que resiste aos controles sociais e institucionais, constituídos nas normas colonizadoras de gênero. São mulheres que declaram guerra a esse *cistema* moderno/colonial. Assim, a ausência de dados interdita a possibilidade de fomentar, construir e executar políticas que promovam a proteção, a defesa e a garantia de direitos das mulheres que divergem da sexualidade hegemônica. Aqui trago uma reflexão da categoria transexual feminina, elucidada pela intelectual travesti e professora Nascimento (2021, p. 162), ao referir que:

> De modo particular, interessa-me relacionar os assassinatos de pessoas trans* com a categoria feminicídio já consagrada nos estudos de gênero, ampliando o seu conceito para o transfeminicídio com outras correntes feministas, de modo que é preciso entender que mulheres trans e travestis podem ser negras, lésbicas, bissexuais [...].

Uma outra questão que marca a diferença entre essas mortes está na materialização do feminicídio nos vínculos domésticos — é a participação de pessoas conhecidas, como o companheiro ou o ex-companheiro das vítimas. As mortes protagonizadas pela lesbofobia e que, portanto, resultam em lesbocídio, além de serem cometidas por pessoas próximas, com algum vínculo social, incidem também em contextos públicos, sem que a vítima tenha qualquer vínculo social com o assassino (PERES; SOARES; DIAS, 2018).

A política de morte em curso contra a população LGBTQIA+ se agrava quando essa morte está institucionalmente legitimada por um (des)governo negacionista, LGBTQIA+fóbico, machista, racista, fascista, que caminha vertiginosamente contra nós.

Uma das tramas das violências está na retirada de identidade de gênero e orientação sexual do Censo Demográfico 2020, adiado para 2021 devido à pandemia da Covid-19. A ausência das informações gera um impacto social relacionado não apenas ao perfil socioeconômico, habitacional e territorial, que elucida as condições materiais de vida dessa população, mas, ao que está em curso, o apagamento de nossas existências pelo período de dez anos.

Dessa maneira, a fim de opor-se à LGBTQIA+fobia institucionalmente declarada pelo IBGE, a Associação Nacional de Travestis e Transexuais (ANTRA), se posicionou apresentando documentos oficiais e acionando a Defensoria Pública da União (DPU). Houve também o Projeto de Lei de nº 420 de 2021, que tem a finalidade de incluir perguntas sobre a identidade de gênero e orientação sexual nos instrumentos do Censo, esse PL é do senador Fabiano Contarato. Contudo, mesmo diante das mobilizações políticas, o IBGE não inseriu no questionário as informações sobre identidade de gênero e orientação sexual (CERQUEIRA *et al.*, 2021; FIGUEIREDO; ARAÚJO, 2021).

As sapatonas, lésbicas e bissexuais seguem coletivamente questionando e resistindo às manobras institucionais que corroboram com a lesbofobia. O dossiê "Lesbocídio: As histórias que ninguém conta" apresentou dados do lesbocídio de 2014 a 2017, registrando que em 2014 foram 16 mortes; em 2015, tivemos 26 lésbicas mortas; em 2016, foram registradas 30 mortes, já em 2017, ficamos com a marca de 54 lésbicas mortas (PERES; SOARES; DIAS, 2018). Nos dados apresentados pelo Grupo Gay da Bahia, em 2018 foram 52 mortes de lésbicas, e, em 2019 foram 32 lésbicas mortas (OLIVEIRA, 2020).

Em 2020, mais uma vez o Brasil mostra a sua verdadeira faceta e mata 237 pessoas LGBTQIA+, de acordo com o relatório "Observatório das Mortes Violentas de LGBTI+"[58] que este ano contou com o Grupo Gay da Bahia – GGB e o grupo Acontece Arte e Política LGBTI+ de Florianópolis.

---

58. Disponível em: https://observatoriomortesviolentaslgbtibrasil.org/.

O Observatório registrou:

> [...] 224 homicídios (94,5%) e 13 suicídios (5,5%). Diferentemente do que se repete desde que o Grupo Gay da Bahia iniciou tal pesquisa, em 1980, pela primeira vez, as travestis e mulheres trans ultrapassaram os gays em número de mortes: 161 travestis e mulheres trans (70%), 51 gays (22%) 10 lésbicas (5%), 3 homens trans (1%), 3 bissexuais (1%) e finalmente 2 heterossexuais confundidos com gays (0,4%).

Nós, filhos, filhes e filhas (sapatonas, lésbicas, bissexuais, gays, mulheres trans, travestis, mulheres cis e homens trans) deste solo mãe gentil, continuamos sendo vítimas da violência LGBTQIA+fóbica, dessa pátria armada Brasil, que não é e nunca foi gentil com as nossas existências. Essa pátria armada que idolatra o fundamentalismo, o conservadorismo, o machismo, o racismo, que odeia os povos indígenas, as mulheres negras, uma pátria que é um ataque direto a nossa corporeidade.

Há uma multiplicidade de violências contra as sapatonas, lésbicas e bissexuais, dada a nossa desobediência a uma ordem arraigada na cisheterossexualidade compulsória. O dossiê "Lesbocídio: As histórias que ninguém conta" foi na raiz do problema, tipificando em que condições o termo lesbocídio se apresenta, sendo este organizado em oito casos:

1. Lesbocídios declarados; 2. Lesbocídios como demonstração de virilidades ultrajadas; 3. Lesbocídios cometidos por parentes homens; 4. Homens conhecidos sem vínculo afetivo-sexual ou consanguíneo; 5. Assassinos sem conexão com a vítima; 6. Suicídio ou crime de ódio coletivo; 7. As lésbicas, a multiplicidade de opressões e o tráfico de drogas; 8. O lesbocídio como expressão de desvalorização das lésbicas (PERES; SOARES; DIAS, 2018, p. 27-35)[59].

Ao se referir à violência sexual, dados de 2017 apontam que lésbicas foram as maiores vítimas dos casos de estupros, contabilizando "6 estupros" diários, um resultado de "2.379 casos"; isto revela que, em "61% dos casos notificados, a vítima foi estuprada mais de uma vez", informações apresentadas pelo *Gênero e Número*,[60] com dados produzidos pelo Sistema de Informação de Agravos de Notificação (SINAN)[61].

É dentro de casa e no meio familiar que as mulheres lésbicas são violentadas. Em 61% dos casos, a agressão ocorreu na residência, enquanto 20% aconteceram em

---

59. Para saber como emerge a caracterização das tipificações do lesbocídio, ver o dossiê "Lesbocídio - As histórias que ninguém conta".

60. Disponível em: https://www.generonumero.media/no-brasil-6-mulheres-lesbicas-sao-estupradas-por-dia/. Matéria feita por Vitória Régia da Silva, repórter da *Gênero e Número*. Acesso em 09 jun. 2023.

61. Disponível em: http://portalsinan.saude.gov.br/. Acesso em: 09 jun. 2023.

vias públicas e 13% em "outros locais". Os homens são algozes. Aparecem como autores em 96% das agressões sexuais. Mulheres são apenas 1% das agressoras. Em 2% das agressões há registros de ambos os gêneros como agressores. Em 1% dos casos notificados o gênero do autor não é identificado (SILVA, 2019).[62]

Em 24 de setembro de 2018 foi promulgada a Lei 13.718, constituindo o "estupro corretivo", como uma forma de "controlar o comportamento social ou sexual da vítima" (BRASIL, 2018).

Apoio-me em Achille Mbembe (2018) refletindo: quais corpos que gozam em instituir o poder de uma sexualidade hegemônica? E quais são atravessados por categorias opressoras, designados à morte? Obviamente que as experiências sociais e sexuais de mulheres negras sapatonas, lésbicas e bissexuais estão como alvo preferencial do lesbocídio.

Lembro do meu processo de trabalho — atuei como assistente social no Centro de Promoção e Defesa dos Direitos LGBT do Estado da Bahia de 2017 a 2020, executado pelo Grupo de Apoio à Prevenção à Aids da Bahia (GAPA). Acompanhei histórias de vida, relatos dolorosos da população negra LGBTQIA+ que precisava de apoio institucional para que seus direitos fossem

---

62. Texto de Vitória Régia da Silva. Disponível em: https://www.generonumero.media/no-brasil-6-mulheres-lesbicas-sao-estupradas-por-dia/.

garantidos. Denunciei e disputei narrativas com instituições que burocratizavam o acolhimento e a garantia do acesso ao direito à população LGBTQIA+, em especial, aquela que se encontrava em situação de rua. Entendo que essa prática institucional reitera a LGBTQIA+fobia, o racismo e o sexismo, que são categorias opressoras vestidas de burocracias institucionais.

A reprodução das violências interseccionais, lamentavelmente, emerge na instituição família, se materializa desde o estupro corretivo a expulsão compulsória de sapatonas, lésbicas e bissexuais de seu convívio familiar. Está na retirada dos direitos de uma mãe lésbica de exercer a maternidade, tendo seus vínculos afetivos rompidos.

A LGBTQIA+fobia enraizada na instituição família corrobora com o rompimento de vínculos familiares e comunitários das Marias, Pedros, Safiras, Mavins, Lohanas, Ketlen, tendo como destino as ruas. Aqui, como quem trabalha especificamente com a população em situação de rua, afirmo que a rua é um espaço de resistência política contra as barbáries do capitalismo e do racismo. É importante refletir a relevância afetiva das ruas, conforme o texto do sociólogo Gey Espinheira (2008) "A casa e a rua", como já apresentado no início deste livro.

Demarco a luta do Movimento em Situação de Rua que instituiu o Decreto Nº 7.053 de 23 de dezembro de 2009, resultando na Política Nacional para a População em Situação de Rua. Faço referência a Anzaldúa (2005) que mostra o que sentiu ao ser expulsa do seu país, por ser uma lésbica não branca e não corresponder à cultura cisheteropatriarcal. Ela acentua que:

> Como mestiça, eu não tenho país, minha terra natal me despejou; no entanto, todos os países são meus porque eu sou a irmã ou a amante em potencial de todas as mulheres. (Como uma lésbica, não tenho raça, meu próprio povo me rejeita; mas sou de todas as raças porque a queer em mim existe em todas as raças). Sou sem cultura porque, como uma feminista, desafio as crenças culturais/religiosas coletivas de origem masculina [...]; entretanto, tenho cultura porque estou participando da criação de uma outra cultura, uma nova história para explicar o mundo e a nossa participação nele, um novo sistema de valores com imagens e símbolos que nos conectam um/a ao/à outro/a e ao planeta (ANZALDÚA, 2005, p.707-708).

Corpos que dissidem sexualmente não se limitam às margens do *cistema* moderno colonial de gênero. Essa sexualidade transgride o território patriarcal, deságua como um rio, causa náuseas e desmascara o cinismo instituído na sociedade, na família, na igreja, nas escolas e, sobretudo, confronta o braço armado ereto do Estado, que dita que nossos corpos não têm o direito de ser e existir.

Corpos racializados LGBTQIA+, que estão em situação de rua, apresentam na prática, através de suas demandas, o conceito de interseccionalidade, pois suas identidades não correspondem a um padrão universal e, por isso, são alvos de múltiplas violências.

Retomo o pensamento de Lugones (2014), que ao evidenciar a colonialidade do poder, imbricado na colonialidade do gênero, anuncia a cisheterossexualidade como controle dos corpos, que empurra as mulheres para os espaços de desigualdades, humilhações, subalternidades, ancorados nas relações sociais e/ou institucionais.

A lesbofobia vem acompanhada do racismo, da desigualdade de classe, ela nos empurra para o sofrimento psíquico quando todas as portas de trabalho formal estão fechadas. Está em curso a materialização da exclusão do mercado de trabalho formal, e, como alternativa de sobrevivência encaramos o trabalho informal — vendemos cerveja, amendoim, milho cozido, cigarros, mas também são noites perdidas para sobreviver e expostas a uma multiplicidade de agressões, porque a proteção social do Estado nos possibilita os mínimos sociais e não o básico para sobrevivermos.

Importa ressaltar que as violências arremessadas sobre nossos corpos devido a nossa orientação sexual necessitam não apenas serem registradas como violência de gênero, mas também notificar que essa violência é impulsionada mediante a lesbofobia. Violências lesbofóbicas e o lesbocídio progridem e continuam impunes, caminham com o cinismo do patriarcado, que corrobora com a proteção dos algozes. A nossa dor marcha com a resistência, nas ruas, contra o Estado que constrói o sepultamento simbólico das mulheres negras, sapatonas, lésbicas e bissexuais. Somos subjetivamente enterradas vivas, afogadas em estruturas cisnormativas, e, ao exigirmos nossos direitos, sentimos o peso dessa "proteção", acompanhada de lesbofobia, julgamentos e estigmas.

A cisheterossexualidade como categoria hegemônica está nas estruturas e nas relações sociais, e o pensamento lésbico como forma de enfrentamento emerge na produção de epistemologias e na práxis política de luta e resistência analisada no livro *Pensamento hétero* de Wittig (1980), no ensaio "Heterossexualidade Compulsória" de Adrienne Rich (2010), e no livro *A nação heterossexual*, de Ochy Curiel (2013). Também a partir do pensamento de Saunders (2017) no texto "Epistemologia negra sapatão como vetor de uma práxis humana libertária", bem como na tese de doutorado de Simone Souza Brandão (2018): "Lésbicas, entendidas, mulheres viados, ladies: as várias identidades sexuais e de gênero que reiteram e subvertem a heteronorma em uma unidade prisional feminina na Bahia" e, não podemos esquecer, Eide Paiva (2017) em sua tese "Sapatão não é bagunça".

Honramos a memória de Marielle Franco, que ocupou e transbordou coragem nos espaços de poder orquestrados pelo patriarcado, pelo racismo, pelo sexismo e pela LGBTQIA+fobia ao dizer: "não serei interrompida", em discurso proferido em 08 de março de 2018, referindo-se ao Dia Internacional da Mulher. Da mesma forma, o punho de Luana Barbosa precisa estar erguido nas nossas lutas. Foi contra o patriarcado fardado de racismo e lesbofobia que Luana lutou. São experiências que nos impulsionam a continuar e honrar a memória dessas mulheres.

Luana Barbosa, de Ribeirão Preto (SP), foi morta aos 34 anos em 13 de abril de 2016, após sessões de espancamentos por três policiais militares. Não há sapatão que ainda hoje não sinta as marcas das violências direcionadas a Luana Barbosa. Conforme a matéria, ela tinha ido deixar seu filho em um curso[63]:

> Luana havia saído com a moto para levar o filho Luan para um curso de informática no dia do crime. O adolescente de 14 anos presenciou a brutalidade da ação, após serem enquadrados pelos policiais na esquina da casa da família (JORNAL BRASIL DE FATO, 2019).

O assassinato de Luana e de outras lésbicas negras quando ganha visibilidade é muito tarde. Essa morte já

---

63. Disponível em: https://www.brasildefato.com.br/2019/04/13/mae-negra-e-periferica-assassinato-de-luana-barbosa-permanece-impune-apos-tres-anos/.

aconteceu lá trás, quando recusam a nossa existência, quando nos impedem de transitar nos espaços porque não nos encaixamos em padrões *cis*heteronormativos. Ainda nessa matéria do *Jornal Brasil de Fato* (2019) consta o depoimento da mãe de Luana, Eurípides Barbosa, que traz um depoimento dilacerante sobre um fato que aconteceu na vida de sua filha em uma entrevista:

> Uma vez chamaram ela pra começar a trabalhar, chegando lá a recepcionista perguntou, mas é você que é a Luana? E saiu e disse 'espera um momentinho'. Voltou dizendo que a vaga já havia sido preenchida. Era o jeito que ela estava vestida e a cor. Nós ficamos muito magoadas com isso (JORNAL BRASIL DE FATO, 2019).

Dá para ver que as portas estão fechadas para a nossa identidade e orientação sexual.

Marielle Franco, 38 anos, nascida no Rio de Janeiro, vereadora eleita em 2017, filiada ao Partido Socialismo e Liberdade (PSOL), assassinada a tiros em 14 de março de 2018 no bairro do Estácio, no Rio de Janeiro. Antes da sua morte, Marielle estava exercendo uma atividade coletiva com outras mulheres negras periféricas. O racismo, a lesbofobia, a violência de gênero quando atravessa o nosso corpo é brutal. Não basta um tiro para a barbárie da violência interseccional ser completa, não bastam 13, 80 ou 111 tiros, são chacinas e mais chacinas. A Marielle era defensora dos Direitos Humanos, engajada na defesa da vida e vive em cada uma de nós. Marielle e Luana eram mulheres negras, mães, com identidades sexuais desobedientes à ditadura da cisnormatividade heterossexual.

Outro caso de violência lesbofóbica foi de Thaylanne Costa Santos,[64] 17 anos, branca, oriunda da cidade de Formosa (GO). O fato aconteceu em outubro de 2019. Thaylanne foi torturada e recebeu muitos golpes na região da cabeça. Além dos problemas de saúde, está com problemas neurológicos gravíssimos, como traz a matéria jornalística de Sobrinho (2020), que igualmente registrou o depoimento da senhora Luciana Costa Santos, 39 anos, genitora de Thaylanne (BRUNETTO; RIBAS, 2021).

Na matéria, Luciana narra que sua filha foi violentada por três homens, as agressões aconteceram à base de pau, concreto e facão. Ela conta que as violências começaram com a seguinte ameaça: "primeiro começaram a chamá-la de sapatão dos infernos, sapatão tem tudo que morrer" (COSTA, 2020).

Apesar desse resumo dolorido, não quero estacionar na imagem da morte, mas avançar no punho erguido de Luana Barbosa e na língua navalha de Marielle Franco, que trazia em seus discursos o pensamento de Audre

---

64. Matéria do jornalista Wanderley Preite Sobrinho. Disponível em: https://www.bol.uol.com.br/noticias/2020/08/31/homofobia-espancamento-goias-agressao-lesbiofobia.htm. Acesso em 09 jun. 2023

Lorde (2019, p. 166): "não sou livre enquanto qualquer outra mulher for prisioneira, ainda que as amarras dela sejam diferentes das minhas. E não sou livre enquanto uma pessoa de cor permanecer acorrentada. E nem é livre nenhuma de vocês". Até que nenhuma de nós tombe na próxima esquina, ainda que sejamos lidas como não humanas, sigo ancorada no pensamento de Toni Morrison (2019) que persiste em dizer que é necessário tomar para si a prática da imprudência política transformando-a em resistência, quando instituições executam um projeto político cuja palavra de ordem é cercear a nossa liberdade, invisibilizar nossa existência e legitimar a nossa morte.

Sejamos todas imprudentes!

REFERÊNCIAS BIBLIOGRÁFICAS

ALMEIDA, Silvio Luiz de. Racismo Estrutural. *In*: RIBEIRO, D. (Coord.). **Feminismos Plurais**. São Paulo: Sueli Carneiro: Pólen, 2019.

ALVES, Andrea Moraes. Envelhecimento, trajetórias e homossexualidade feminina. **Horizontes Antropológicos**. Porto Alegre, ano 16, n. 34, p. 213-233, jul./dez.2010.

ANDRADE, Carlos Drummond de [1902-1987]. **Alguma poesia**. Posfácio Eucanaã Ferraz. São Paulo: Companhia das Letras, 2013.

ANGELOU, Maya [1978]. Ainda assim eu me levanto. **Portal Geledés**. 2018. Disponível em: https://www.geledes.org.br/maya-angelou-ainda-assim-eu-me-levanto/. Acesso em: 24 jan. 2021.

ANTÓNIO, Manuel. Envelhecimento ativo e a indústria da perfeição - Active ageing and the culture of perfection: Universidade de Lisboa. **Instituto de Ciências Sociais Universidade**. Lisboa, Portugal. Saúde Soc. São Paulo, v. 29, n. 1, e190967, 2020.

ANZALDÚA, Gloria. **Borderlands/La Frontera:** The New Mestiza. San Francisco: Aunt Lute Books, 1987.

ANZALDÚA, Gloria. La Conciencia de la mestiza. Rumo a uma nova consciência. **Estudos Feministas**, Florianópolis, n. 13, v. 3, p. 320, set./dez. 2005.

ARAÚJO, Rosângela Costa. **Iê viva meu mestre - a Capoeira Angola da "escola Pastiniana" como práxis educativa**. Tese (Doutorado). Universidade de São Paulo, São Paulo, 2004.

ARRUDA, Renata. Confira a análise da música Podres Poderes, de Caetano Veloso. **Letras**. 17 dez. 2020. Disponível em: https://www.letras.mus.br/blog/analise-musica-podres-poderes/. Acesso em: 16 out. 2021.

AZEREDO, Renata Ferreira de. **Maternidade Lésbica no Brasil:** Uma revisão de teses e dissertações nas Ciências Sociais, Humanas e da Saúde. Lesbian Motherhood in Brazil: A review of theses and dissertations in the Humanities, Social and Health Sciences. Rio de Janeiro, s.n., 2018, 111f.

BAOBÁS, milenares africanos estão morrendo e assustando pesquisadores. **Hypeness.** 12 jun. 2018. Disponível em: https://www.hypeness.com.br/2018/06/baobas-milenares-africanos-estao-morrendo--e-assustando-pesquisadores/. Acesso em: 12 mar. 2021.

BENTO, Maria Aparecida Silva. Branqueamento e branquitude no Brasil. **Psicologia social do racismo:** estudos sobre branquitude e branqueamento no Brasil. 6.ed. Petrópolis: Vozes, 2014 (coleção Psicologia Social). Vários autores, 2020.

BRANDÃO, Ana Maria. Da sodomita à lésbica: o gênero nas representações do homoerotismo feminino. **Análise Social,** Lisboa: Instituto de Ciências Sociais, v. 45, n. 195, 2010.

BRASIL. **Política Nacional de Saúde Integral da População Negra.** Secretaria de Gestão Estratégica e Participativa. Departamento de Apoio à Gestão Participativa e ao Controle Social, 3.ed. Brasília, DF: Ministério da Saúde, 2017.

BRUNETTO, Dayana; RIBAS, Léo. **Quem cabe nesse arco-íris?** Arco-íris para quem? (In)visibilidades lésbicas e sapatônicas. Curitiba: UFPR, 2021.

BUTLER, Judith. Corpos que pesam: sobre os limites discursivos do "sexo". *In*: LOURO, Guacira Lopes *et al*. **O corpo educado - Pedagogias da sexualidade**. Tradução: Tomaz Tadeu da Silva. 2.ed. Belo Horizonte: Edição Autêntica, 2000.

BUTLER, Judith. **Problemas de gênero: feminismo e subversão da identidade**. Tradução: Renato Aguiar. Rio de Janeiro: Civilização Brasileira, 2003.

CALDAS, Ana Carolina. No aniversário de Curitiba, moradores do Parolin relatam condições indignas de vida. **Brasil de fato - Paraná**. 2019. Disponível em: https://www.brasildefatopr.com.br/2019/03/29/no-aniversario-de-curitiba-moradores-do-parolin-relatam-condicoes-indignas-de-vida. Acesso em: 29 mar. 2021.

CARNEIRO, Sueli. Do Epistemicídio. *In*: CARNEIRO, Sueli. **A Construção do outro como não-ser como fundamento do ser**. 2005. Tese (Doutorado). Universidade de São Paulo. São Paulo: Feusp, 2005, pp. 96-124.

CARNEIRO, Sueli. Mulheres em Movimento. **Estudos Avançados**, v. 17, n. 49, 2003, pp. 117-132.

CARNEIRO, Sueli; SANTOS, Thereza. **Mulher negra**. São Paulo: Nobel/Conselho Estadual da Condição Feminina, 1985.

CARTA DAS MULHERES NEGRAS. **Portal Geledés**. 2015. Disponível em: https://www.geledes.org.br/carta-das-mulheres-negras-2015/. Acesso em: 19 mar. 2021.

CERQUEIRA, Daniel *et al*. **Atlas da Violência 2021**. São Paulo: FBSP, 2021.

COLLINS, Patricia Hill. Learning from the outsider within: the sociological significance of black feminist thought. **Social Problems**, v. 33, n. 6, pp. 1-32, out./dez.1986. Disponível em: www.jstor.org/stable/800672. Acesso em: 26 set. 2015.

COLLINS, Patrícia Hill. **Pensamento feminista negro:** conhecimento, consciência e a política do empoderamento. Tradução:

Jamille Pinheiro Dias. São Paulo: Boitempo, 2019.

CONSELHO REGIONAL DE PSICOLOGIA SANTA CATARINA - 12ª Região (CRPSC). **10ª edição do Senalesbi reúne mulheres em Salvador**. 20 ago. 2018. Disponível em: https://crpsc.org.br/noticias/10-edicao-do-senalesbi-reune-mulheres-em-salvador. Acesso em: 25 mar. 2021.

CLARKE, Cheryl. "El lesbianismo: un acto de resistencia". *In*: MORAGA, Cherrie; CASTILLO, Ana. **Esta puente, mi espalda: voces de las tercermundistas en los Estados Unidos**. São Francisco: ISM Press, 1988, p. 98-107.

CRENSHAW, Kimberlé. Documento para o encontro de especialista em aspectos da discriminação racial relativos ao gênero. **Estudos Feministas**. Florianópolis, Centro de Filosofia e Ciências Humanas, Centro de Comunicação e Expressão/UFSC, v. 7, n. 12, pp. 171-188, 2002.

CURIEL PICHARDO, Ochy. Construyendo metodologías feministas desde el feminismo decolonial. *In*: AZKUE, Irantzu Mendia *et al*. **Otras Formas de (Re)conocer:** Reflexiones, herramientas y aplicaciones desde la investigación feminista. Bilbao: Universidad del País Vasco, 2014. pp. 45-60. Disponível em: http://www.ceipaz.org/images/contenido/Otras_formas_de_reconocer.pdf. Acesso em: 29 jul. 2021.

CURIEL, Ochy. Construindo metodologias feministas desde o feminismo decolonial. **S471 Semana de Reflexões sobre Negritude, Gênero e Raça**. Brasília, 2019.

_____. Crítica poscolonial desde las prácticas políticas del feminismo antirracista. **Nômadas**, Bogotá, n.26, pp. 92-101, 2007.

_____. Decolonizando el feminismo: uma perspectiva desde

America Latina y el Caribe. *In*: Primeiro Colóquio Latinoamericano sobre Práxis e Pensamento Feminista. **Anais [...]**, Buenos Aires: jun. 2009.

_____. El lesbianismo feminista: Una propuesta política transformadora. **Revista America Latina em Movimento**, n. 420, pp. 3-7, 2007. Disponível em: http://alainet.org/active/show_text.php3?key=17389. Acesso em: 2 out. 2011.

_____. El régimen heterosexual y la nación. **Aportes del lesbianismo feminista a la antropología**. Colombia. La manzana de la discordia. V. 6, n. 1, pp. 25-46, 2011.

_____. Género, raza, clase y sexualidad: debates contemporaneos. **Conferencia presentada en la Universidad Javeriana**, 2012.

_____. La Nación heterosexual: análisis del discurso jurídico y el régimen heterosexual desde la antropología de la dominación. **Brecha Lésbica**. Colombia, 2013.

_____. Critica pós-colonial desde las prácticas políticas del feminismo antirracista. **Nómadas** (Col), n. 26, Universidad Central Bogotá, Colômbia, 2007, pp. 92-101. Disponível em: https://www.redalyc.org/pdf/1051/105115241010.pdf. Acesso em: 2 out. 2011.

CUSICANQUI, Silvia Ribeiro. **Ch'ixinakax utxiwa**. Una reflexión sobre prácticas y discursos descolonizadores. Buenos Aires: Tinta limón, 2010.

_____. **Oprimidos pero no vencidos**. La Paz, Hisbol: CSUTCB, 1984.

_____. **Violencias (re)encubiertas en Bolivia**. La Paz: La Mirada Salvaje/Editorial, Piedra Rota, 2012.

DA PAZ. Poesia de Marcelino Freire contrastando a categoria "paz" enraizada no modelo hegemônico do Estado-Nação, esta que não dialoga com a população negra, indígena, LGBTQIA+. **Portal Geledés**. 2013. Disponível em: https://www.geledes.org.br/da-paz-de-marcelino-freire-por-naruna-costa/. Acesso em: 16 out. 2021.

DA SILVA, Laionel Vieira; BARBOSA, Bruno Rafael Silva Nogueira. Sobrevivência no armário: dores do silêncio LGBT em uma sociedade de religiosidade heteronormativa. **Revista Estudos de Religião**, v. 30, n. 3, pp. 129-154, 2016.

DAVIS, Angela. **A liberdade é uma luta constante**. São Paulo: Boitempo, 2018.

DECLARAÇÃO do Coletivo Combahee River. 2013. Disponível em: http://rodrigosilvadoo.blogspot.com/2013/11/declaracao-do-coletivo-combahee-river.html. Acesso em: 16 jul. 2021.

DIA DO ORGULHO LGBT: Você já ouviu falar do FERRO'S BAR? **Outros outubros virão - Worpress**. 28 jun. 2018. Disponível em: https://outrosoutubrosvirao.wordpress.com/2019/06/28/dia-do-orgulho-lgbt-voce-ja-ouviu-falar-do-ferros-bar/#:~:text=O%20Ferro's%20bar%2C%20aberto%20entre,e%20p%C3%BAblico%20LGBT%20no%20geral. Acesso em: 16 out. 2021.

DIFFERENCE, DIVERSITY, DIFFERENTIATION. Cadernos Pagu. jan./jun.2006, pp. 329-376. *In*: BRAH, Avtar. **Cartographies of Diaspora:** Contesting Indentities. Longon/New York, Routledge, 1996, cap.5, pp. 95-127.

DUNKER, Christian Ingo Lenz; KYRILLOS NETO, Fuad. Curar a Homossexualidade? A psicopatologia prática do DSM no Brasil. **Revista Mal-estar e Subjetividade**. Fortaleza, v. X, n. 2. pp. 425-446, jun/2010.

ENGELS, Frederick. **Origem da Família, da Propriedade Privada**

e do Estado. Prefácios (de 1884 e 1891), pp. 21-91.

ESCULTURA de Mãe Stella de Oxóssi é incendiada em Salvador. **G1 BA**. 04 dez. 2022. Disponível em: https://g1.globo.com/ba/bahia/noticia/2022/12/04/escultura-de-mae-stella-e-oxossi-e-incendiada-em-salvador.ghtml. Acesso em: 28 dez. 2022.

ESPINHEIRA, Gey. A casa e a rua. **Projeto Axé**, 2008. Disponível em: http://centrodeformacaoaxe.blogspot.com/2008/12/texto-de--gey-espinheira-casa-e-rua.html. Acesso em: 11 mai. 2021.

ESPINOSA MIÑOSO, Yudersky. De por qué és necesario un feminismo decolonial: diferenciación, dominación co-constitutiva de la modernidad occidental y el fin de la política de identidad. **Solar**, Año 12, v. 12, n. 1, Lima, 2016, pp. 141-171.

_____. Etnocentrismo y colonialidad en los feminismos latinoamericanos: complicidades y consolidación de las hegemonías feministas en el espacio transnacional. **Revista venezolana de estudios de la mujer**. jul./dic. 2009, v. 14, n. 33, pp. 37-54.

_____. Fazendo uma genealogia da experiência: o método rumo a uma crítica da colonialidade da razão feminista a partir da experiência histórica na América Latina. *In*: **Pensamento feminista hoje:** perspectivas decoloniais. Organização: Heloisa Buarque de Hollanda; Autoras Adriana Varejão *et al*. Rio de Janeiro: Bazar do Tempo, 2020.

_____. Feminismo em Abya Yala. Crítica de la colonización discursiva del Feminismo Occidental. *In*: DEPORTATE, Esuli, Profugbe. **Rivista Telematica di studi sulla memoria femminile**, n. 30, Feb. 2016, pp. 189-198.

_____. **Sobre por que é necessário um feminismo decolonial:** diferenciação, dominação coconstitutiva da modernidade ocidental.

São Paulo: MASP, 2020.

EVARISTO, Conceição. **Cadernos Negros:** os melhores poemas. 2011. Disponível em: http://cadernosnegros2k.blogspot.com.br/2011/10/noite-nao-adormece-nos-olhos-das.html. Acesso em: 20 nov. 2017.

_____. Gênero e etnia: uma escre(vivência) de dupla face. *In*: MOREIRA, Nadilza Martins de Barros; SCHNEIDER, Liane (Org.). **Mulheres no mundo:** etnia, marginalidade e diáspora. João Pessoa: Universitária, 2005, pp. 201-212.

_____. **Olhos d'água**. Rio de Janeiro: Pallas, 2016.

EVARISTO, Maria da Conceição. É Tempo de Aquilombar (Poema). **Xapuri**. Disponível em: https://www.xapuri.info/cultura/tempo-de-nos-aquilombar. Acesso em: 8 out. 2020.

FACCHINI, Regina. **"Sopa de Letrinhas"? Movimento homossexual e produção de identidades coletivas nos anos 90:** um estudo a partir da cidade de São Paulo. 2002. Dissertação (Mestrado) — Universidade de Campinas, Campinas, 2002.

FALQUET, Jules. Romper o tabu da heterossexualidade: contribuições da lesbianidade como movimento social e teoria política. **Cadernos de Crítica Feminista**, ano VI, n. 5, dez. 2012.

FANON, Frantz. **Os Condenados da Terra**. Rio de Janeiro: Civilização Brasileira, 1968.

FEDERICI, Silvia. **Calibã e a bruxa:** Mulheres, corpo e acumulação primitiva. Tradução: Coletivo Sycorax. São Paulo: Elefante, 2017.

FERNANDES, Marisa. O movimento das mulheres lésbicas feministas no Brasil. **Revista Cult**, São Paulo, n. 235, pp. 11-16, 12 jun. 2018.

FERNANDES, Marisa. O movimento das mulheres lésbicas feministas no Brasil. **Grupo Cult**. 12 jun. 2018. Disponível em: https://revistacult.uol.com.br/home/mulheres-lesbicas-feministas-brasil/. Acesso em: 14 mar. 2021.

FERRAZ, Thaís. Movimento LGBT: a importância da sua história e do seu dia. **Politize!**. 28 jun. 2017. Disponível em: https://www.politize.com.br/lgbt-historia-movimento/. Acesso em: 12 mar. 2021.

FIGUEIREDO, Ângela. Perspectivas e contribuições das organizações de mulheres negras e feministas negras contra o racismo e o sexismo na sociedade brasileira. **Revista Direito e Práxis**, v. 9, n. 2, pp. 1080-1099, 2018. Disponível em: https://doi.org/10.1590/2179-8966/2018/33942. Acesso em: 12 nov. 2020.

FIGUEIREDO, Camila; ARAÚJO, Mateus. Sem dados do Censo, população LGBTI+ do Brasil continuará desconhecida por mais 10 anos. **Diadorim**. Reportagem, 22 fev. 2021. Disponível: https://www.adiadorim.org/post/sem-censo-populacao-lgbti-continuara-desconhecida. Acesso em: 26 out. 2021.

FOUCAULT, Michel. **História da sexualidade I:** A vontade de saber. Tradução: Maria Thereza da Costa Albuquerque e J. A. Guilhon Albuquerque. Rio de Janeiro: Graal, 1988.

FREUD, Sigmund. A psicogênese de um caso de homossexualismo numa mulher [1920] [1856-1939]. *In*: SALOMÃO, Jayme (Org.). **Obras Psicológicas Completas de Sigmund Freud**. Rio de Janeiro: Imago, 1996, v. 18.

GASTALDI, Alexandre Bogas Fraga; BENEVIDES, Bruna; LARRAT, Symmy (Coordenação, Pesquisa e Organização). **Mortes e violências contra LGBTI+ no Brasil:** Dossiê 2021. Acontece Arte e Política LGBTI+; ANTRA (Associação Nacional de Travestis e Transexuais); ABGLT (Associação Brasileira de Lésbicas, Gays, Bissexuais, Travestis, Transexuais e Intersexos). Florianópolis, SC: Acontece, ANTRA, ABGLT, 2022. 72f. Disponível em: https://www.cartacapital.com.br/wp-content/uploads/2022/05/Dossie-de-Mortes-e-Violencias-Contra-LGBTI-no-Brasil-2021-ACONTECE-ANTRA-ABGLT-1.pdf. Acesso em: 13 jul. 2021.

GOLDANI, Ana Maria. As famílias no Brasil contemporâneo e o mito da desestruturação. **Cadernos Pagu**, Campinas, n. 1, pp. 67-110, 2005.

_____. Famílias e gêneros: uma proposta para avaliar (des)igualdades. *In*: **Anais do XII Encontro Nacional de Estudos Populacionais**. Caxambu: ABEP, 2000. Disponível em: http://www.abep.org.br/publicacoes/index.php/anais/issue/view/32/showToc. Acesso em: 12 mar. 2021.

GONZALEZ, Lélia. Cultura, etnicidade e trabalho: efeitos linguísticos e políticos da exploração da mulher. Rio de Janeiro: Pontifícia Universidade Católica do Rio de Janeiro, 1979. *In*: **8º Encontro Nacional da Latin American Studies Association**. Pttsburg, 1979. Disponível em: http://www.leliagonzalez.org.br/. Acesso em: 27 nov. 2020.

_____. Racismo e sexismo na cultura brasileira. *In*: **Revista Ciências Sociais Hoje**. Anpocs, 1984, pp. 223-244.

GREENFIELD-SANDERS, Timothy. **Toni Morrison:** The Pieces I Am. Documentário. 2019. Disponível em: https://www-youtube--com.translate.goog/watch?v=A8sUwXTWb4M&_x_tr_sl=en&_x_tr_tl=pt&_x_tr_hl=pt-BR&_x_tr_pto=sc. Acesso em: 27 nov. 2020.

GRIJALVA, Dorotea. Mi cuerpo un territorio político. *In*: **Voces Descolonizadoras. Cuaderno 1**. [*S.l.*]: Brecha Lésbica, 2013.

HALL, Stuart. **A identidade cultural na pós-modernidade**. Rio de Janeiro: DP&A, 2006.

_____; SILVA, Tomaz Tadeu da; WOODWARD, Kathryn. **Identidade e diferença:** uma perspectiva dos estudos culturais. Petrópolis: Vozes, 2014.

HAMMOND, Karla. An Interview with Audre Lorde. **American Poetry Review**. March/April 1980, pp. 18-21.

HEMETÉRIO, Heliana. **Um diálogo com Heliana Hemetério**. Salvador. Jan. 2021. Áudio (WhatsApp).

HENNING, Carlos Eduardo. Gerontologia LGBT: velhice, gênero, sexualidade e a constituição dos "idosos LGBT". **Horizontes Antropológicos**. Porto Alegre, ano 23, n. 47, pp. 283-323, jan./abr. 2017.

HOOKS, Bell [1952]. **Anseios:** raça, gênero e políticas culturais. Tradução: Jamille Pinheiro. São Paulo: Elefante, 2019.

_____ [1952]. **Erguer a voz:** pensar como feminista, pensar como negra. Tradução: Cátia Bocaiuva Maringolo. São Paulo: Elefante, 2019.

_____ [1952]. **O feminismo é pra todo mundo:** políticas arrebatadoras. Tradução: Bhuvi Libanio. 10.ed. Rio de Janeiro: Rosa dos Tempos, 2020.

_____ [1952]. **Tudo sobre o amor:** novas perspectivas. Tradução: Stephanie Borges. São Paulo: Elefante, 2020, 272 p.

_____. **A vontade de mudar homens, masculinidade e amor**. Tradução: Ayodele e Ezequias Jagge (Coletivo Nuvem Negra). [*S.l.*]: [*S.e.*], 2018.

_____. **Ain't I a woman:** black women and feminism. Boston: South End Press, 1981. Tradução livre para a Plataforma Gueto. Disponível em: https://plataformagueto.files.wordpress.com/2014/12/nc3a3o-sou-eu-uma- mulher_traduzido.pdf. Acesso em: 11 jul. 2021.

_____. **Mover-se além da dor**. Disponível em: https://www.geledes.org.br/mover-se-alem-da-dor-bell-hooks/. Acesso em: 29 jan. 2021.

_____. **Olhares negros:** raça e representação. Tradução: Stephanie Borges. São Paulo: Elefante, 2019.

_____. Vivendo de amor. *In*: **Portal Geled**és, 2010. Disponível em: https://www.geledes.org.br/vivendo-de-amor/. Acesso em: 4 abr. 2021.

JESUS, Jaqueline Gomes de. O conceito de Heterocentrismo: um conjunto de crenças enviesadas e sua permanência. **Psico-USF**, Bragança Paulista, v. 18, n. 3, pp. 363-372, set./dez.2013.

_____. **Orientações sobre a população transgênero:** conceitos e termos. Brasília: [*S.e.*], 2012.

LAZARETTI, Buno. O que é um Exu? **Revista Super Interessante**. 27 abr. 2022. Disponível em: https://super.abril.com.br/mundo-estranho/o-que-e-um-exu/. Acesso em: 20 abr. 2020.

LEMOS, Ana Carla da Silva. Memórias do movimento de lésbicas brasileiro: as construções silenciadas. A história que não publicizaram. feminismo, política e poder/ 19 redor. **XIX Encontro Internacional da Rede Feminista Norte e Nordeste de Estudos e Pesquisa sobre a Mulher e Relações de Gênero**, 2016.

_____. **Movimentos de lésbicas de Pernambuco:** uma etnografia lésbica feminista. 2019. 611 f. Dissertação (Mestrado em

Antropologia) — Universidade Federal de Pernambuco, Recife, 2019.

_____. Rachas ou agregações? Uma análise sobre os movimentos de lésbicas e movimentos feministas. **8º Seminário Nacional de Lésbicas - SENALE**, 2014.

LGBTfobia e racismo no mundo do trabalho - Desafios para Reindustrializar o Brasil. **Seminário "Desafios para a Reindustrialização Nacional"**. 7 nov. 2017. Promovido pela Comissão de Trabalho, Administração e Serviço Público.

LIMA, Fátima. **Raça, Interseccionalidade e Violência:** Corpos e processos de subjetivação em mulheres negras e lésbicas. Universidade Federal do Rio de Janeiro, v. 4, n. 2, abr./jun. 2018. Disponível em: https://portalseer.ufba.br/index.php/cadgendiv. Acesso em: 16 jul. 2021.

LORDE, Audre. **A unicórnia preta**. Título original: The Black unicorn. Tradução: Stephanie Borges. Belo Horizonte: Relicário Edições, 2020.

_____. **Entre nós mesmas:** poemas reunidos. Tradução: Tatiana Nascimento; Valéria Lima. Rio de Janeiro: Bazar do Tempo, 2020.

_____. **Sou sua irmã:** escritos reunidos. Tradução: Stephanie Borges. São Paulo: Ubu, 2020.

_____. **Zami Una biomitografía Una nueva forma de escribir mi nombre**. Disponível em: www.unapalabraotra.orqlhorasyhoras.html. Acesso em: 1 nov. 2021.

_____. Age, Race, Class, and Sex: Women Redefinig Difference. *In*: LORDE, Audre. **Sister outsider:** essays and speeches. New York: The Crossing Press Feminist Series, 1984, pp. 114-123.

LORDE, Audre. **Irmã outsider**. Tradução: Stephanie Borges. Belo Horizonte: Autêntica, 2019.

_____. The Master's Tools Will Never Dismantle the Master's House. *In*: Lorde, Audre. **Sister outsider:** essays and speeches. New York: The Crossing Press Feminist Series, 1984, pp. 110-113.

_____. Use of the Erotic: The Erotic as Power. *In*: LORDE, Audre. **Sister outsider:** essays and speeches. New York: The Crossing Press Feminist Series, 1984. pp. 53-59.

LORENZO, Ángela Alfarache. A. **La construcción cultural de la lesbofobia. Una aproximación desde la antropología**. Homofobia: laberinto de la ignorancia. México, 2012, pp. 125-146.

LUGONES, Maria [1944]. **Heterossexualismo e o sistema colonial / moderno de gênero**. Hypatia, v. 22, n. 1, 2007, p. 186-209.

LUNA, Luedji. Um corpo no mundo (2017). **Alma Preta**. Disponível em: https://almapreta.com/sessao/cultura/luedji-luna-corpo-mundo. Acesso em: 24 jan. 2021.

MACÊDO, Márcia dos Santos. Tecendo os fios e segurando as pontas: mulheres chefes de família em Salvador. *In:* BRUSCHINI, C.; PINTO, C. R. (Org.). **Tempos e lugares de gênero**. São Paulo: FCC, 2001, pp. 53-83.

MACRAE, Edward. **A construção da igualdade:** identidade sexual e política no Brasil da "abertura". Campinas: UNICAMP, 1990.

MÃE DE KATHLEN ROMEU: "Quem foi recebida a tiros foi a minha filha". **Esquerda online**. 09 jun. 2021. Disponível em: https://esquerdaonline.com.br/2021/06/09/mae-de-kathlen-romeu-quem-foi-recebida-a-tiros-foi-a-minha-filha/. Acesso em: 16 out. 2021.

MÃE, negra e lésbica: assassinato de Luana Barbosa permanece impune após três anos. **Brasil de fato**. 13 abr. 2019. Disponível em: https://www.brasildefato.com.br/2019/04/13/

mae-negra-e-periferica-assassinato-de-luana-barbosa-permanece--impune-apos-tres-anos/. Acesso em: 24 jan. 2021.

MALDONADO-TORRES, Nelson. Analítica da colonialidade e da decolonialidade: algumas dimensões básicas. *In*: **Decolonialidade e pensamento afrodiaspórico**. Organizadores: Joaze Bernardino-Costa, Nelson Maldonado-Torres, Ramón Grosfoguel. 2.ed. Belo Horizonte: Autêntica, 2019.

MARCHA das mulheres negras 2015. Marcha contra o racismo, a violência e pelo bem viver. **Documento analítico e declaração**. Brasília, nov. 2015. Disponível em: http://fopir.org.br/wp-content/uploads/2017/01/Carta-das-Mulheres-Negras-2015.pdf. Acesso em: 21 nov. 2020.

MBEMBE, Achille. **Necropolítica**: Biopoder, Soberania, Estado de Exceção, Política de Morte. São Paulo: N-1 edições, 2018.

_____. **Crítica da Razão Negra**. Lisboa: Antígona, 2014.

MELO, Paula Balduino de *et al*. Descolonizar o feminismo. **VII Sernegra**. Brasília: Instituto Federal de Educação, Ciência e Tecnologia de Brasília, 2019.

MIGNOLO, Walter. El pensamento Decolonial: Desprendimiento y apertura. *In*: CASTRO GÓMEZ, Santiago; GROSFOGUEL, Ramón (orgs.). **El giro decolonial:** reflexiones para una diversidad epistémica más allá del capitalismo global. Bogotá: Siglo del Hombre Editores; Universidad Central, de Estudios Sociales Contemporáneos y Pontificia Universidad Javeriana, Instituto Pensar, 2007. pp. 25-47.

MISKOLCI, R. O Armário Ampliado: Notas sobre sociabilidade homoerótica na era da internet. **Revista Gênero**, Niterói, v. 9, n. 2, pp. 171-190, 2009.

MORANGO, Angélica. Sabe o que quer dizer "rebuceteio"? A vida sapatônica é cheia deles. **Universa UOL**. 10 out.2017. Disponível em: https://blogdamorango.blogosfera.uol.com.br/2017/10/10/sabe-o-que-quer-dizer-rebuceteio-a-vida-sapatonica-e-cheia-deles/. Acesso em: 29 mar. 2021.

MORTES VIOLENTAS DE LGBT+ NO BRASIL - 2019. **Relatório do Grupo Gay da Bahia**. Disponível em: https://observatoriomortesviolentaslgbtibrasil.org/2019. Acesso em: 1 nov. 2021.

NASCIMENTO, Abdias do. **O genocídio do negro brasileiro:** processo de um racismo mascarado. Rio de Janeiro: Paz e Terra, 1978.

NASCIMENTO, *Elisa Larkin*. **Afrocentricidade:** uma abordagem epistemológica inovadora. São Paulo: Selo Negro, 2009.

NASCIMENTO, Letícia Carolina Pereira do. **Transfeminismo**. São Paulo: Jandaíra, 2021.

NASCIMENTO, Maria Beatriz. Historiografia do Quilombo. 1977. *In*: BEATRIZ Nascimento, Quilombola e Intelectual: Possibilidades nos dias da destruição. Maria Beatriz Nascimento. **Diáspora Africana:** filhos da África, 2018.

_____. O conceito de quilombo e a resistência cultural negra. *In*: **Afrodiáspora - Revista do mundo negro**. n. 6-7. IPEAFRO, 1985, p. 41-49.

NASCIMENTO, Maria Beatriz. O quilombo do Jaguaquara. **Revista de Cultura Vozes**, v. 73, n. 3, abr.1979.

NASCIMENTO, Tatiana. **Cuírlombismo literário**. Série Pandemia. São Paulo, n.1 edições, 2019.

NAVARRO-SWAIN, Tania. Lesbianismo: identidade ou opção eventual? *In*: **Anais do XX Simpósio Nacional de História**

- **ANPUH**. Florianópolis, jul.1999. Disponível em: https://anpuh.org.br/uploads/anais-simpsio[s.p.]df/2019-01/1547483135_f87315f4382e4375072e72ea7e272f1a.pdf. Acesso em: 13 dez. 2020.

NAVARRO-SWAIN, Tania. **O que é o lesbianismo**. São Paulo: Brasiliense, 2000.

NOGUEIRA, Sidnei. **Intolerância religiosa**. São Paulo: Pólen, 2020.

O QUE É O GELEDÉS Instituto da Mulher Negra. **Portal Geledés**. 21 abr. 2009. Disponível em: https://www.geledes.org.br/o-que-e--o-geledes-instituto-da-mulher-negra/. Acesso em: 16 out. 2021.

OBSERVATÓRIO de Mortes Violentas de LGBTI+ no Brasil, 2020. **Aliança LGBT/ 2021**. Disponível em: https://dossies.agenciapatriciagalvao.org.br/dados-e-fonte[s.p.]esquisa/observatorio-de-mortes-violentas-de-lgbti-no-brasil-2020-alianca-lgbt-2021/. Acesso em: 28 dez. 2022.

OGBEBARA, Awofa. **Igbadu, a cabaça da existência:** mitos nagôs revelados. 2.ed. São Paulo: Pallas, 2006.

OLIVEIRA, José Marcelo Domingos de. **Mortes violentas de LGBT+ no Brasil - 2019:** Relatório do Grupo Gay da Bahia. Salvador: Grupo Gay da Bahia, 2020.

OYĚWÙMÍ, Oyèrónkẹ́. **A invenção das mulheres:** construindo um sentido africano para os discursos ocidentais de gênero. Tradução: Wanderson Flor do Nascimento. Rio de Janeiro: Bazar do Tempo, 2021.

_____. **Conceitualizando gênero:** a fundação eurocêntrica de conceitos feministas e o desafio das epistemologias africanas. Decolonialidade e pensamento afrodiaspórico. 2.ed. Belo Horizonte: Autêntica, 2019.

_____. Visualizing the Body: Western Theories and African Subjects. *In*: COETZEE, Peter H.; ROUX, Abraham P.J. (eds). **The African Philosophy Reader**. Tradução para uso didático de Wanderson Flor do Nascimento. New York: Routledge, 2002, pp. 391-415.

PACHECO, Ana Cláudia Lemos. **Mulher negra:** afetividade e solidão. Salvador: EDUFBA, 2013.

PAREDES, Julieta. Uma ruptura epistemológica com o feminismo ocidental. *In*: VAREJÃO, Adriana *et al*. **Pensamento feminista hoje:** perspectivas decoloniais. Organização: Heloisa Buarque de Hollanda. Rio de Janeiro: Bazar do Tempo, 2020.

PARKINSON, Justin. Sarah Baartman: a chocante história da africana que virou atração de circo. **BBC News Magazine**. 11 jan. 2016. Disponível em: https://www.bbc.com/portuguese/noticias/2016/01/160110_mulher_circo_africa_lab. Acesso em: 20 abr. 2020.

PERES, Milena Cristina Carneiro. **Dossiê** sobre **lesbocídio no Brasil:** de 2014 até 2017. Rio de Janeiro: Livros Ilimitados, 2018.

PINHO, Osmundo. Um Enigma Masculino: Interrogando a Masculinidade da Desigualdade Racial no Brasil. Universidade Federal do Recôncavo da Bahia. **Universitas Humanística**, v. 77, pp. 227-250, 2014.

POPULAÇÃO LGBT morta no Brasil, 2018. Disponível em: https://observatoriomortesviolentaslgbtibrasil.org/2018. Acesso em: 1 nov.2021.

PRECIADO, Beatriz. **Manifesto contrassexual**. São Paulo: N-1 edições, 2015.

PREITE SOBRINHO, Wanderley. Com pau, concreto e facão:

"Minha filha foi desfigurada por 3 homens". **BOL Notícias**. 31 ago. 2020. Disponível em: https://www.bol.uol.com.br/noticias/2020/08/31/homofobia-espancamento-goias-agressao-lesbiofobia.htm. Acesso em: 21 nov. 2020.

QUIJANO, Aníbal. Colonialidad del poder, eurocentrismo y América Latina. *In*: **E. Lander, La colonialidad del saber:** eurocentrismo y ciencias sociales: perspectivas latinoamericanas. Caracas, Venezuela: Facultad de Ciencias Económicas y Sociales (FACES-UCV): Instituto Internacional de la UNESCO para la Educación Superior en América Latina y el Caribe (IESALC), 2000, pp. 201-246.

RAGO, Margareth. As mulheres na historiografia brasileira. *In*: SILVA, Zélia Lopes da (Org.). **Cultura Histórica em Debate**. São Paulo: UNESP, 1995, pp. 81-91. Disponível em: http://historiacultural.mpbnet.com.br/artigos.genero/margareth/RAGO_Margareth-as_mulheres_na_historiografia_brasileira.pdf. Acesso em: 19 mar. 2017.

_____. Epistemologia feminista, gênero e história. *In*: PEDRO, Joana Maria; GROSSI, Miriam Pillar (Org.). **Masculino, feminino, plural:** gênero na interdisciplinaridade. Florianópolis: Mulheres, 1998, pp.1-11.

_____. Trabalho feminino e sexualidade. *In*: DEL PRIORE, Mary (Org.). **História das mulheres do Brasil**. São Paulo: Contexto, 2001, pp. 578-606.

RATTS, Alex. É tempo de falarmos de nós mesmos. *In*: RATTS, Alex. **Eu sou atlântica:** sobre a trajetória de vida de Beatriz Nascimento. São Paulo: Impressa Oficial; Instituto Kuanza, 2006, pp. 91-129.

REDE LésBi Brasil. 17 mai. 2020. Disponível em: https://medium.com/@redelesbibrasil/rede-l%C3%A9sbi-brasil-24777677f1d5. Acesso em: 29 mar. 2021.

REIS, Tássia. **Da Lama/Afrontamento**. 2016. Disponível em: https://www.letras.mus.br/tassia-reis/da-lama/. Acesso em: 28 dez. 2022.

RELATÓRIO Violência contra os *povos indígenas* no Brasil - Dados de 2021. **Conselho Indigenista Missionário - CIMI**. 2021. Disponível em: https://cimi.org.br/wp-content/uploads/2021/10/relatorio--violencia-povos-indigenas-2020-cimi.pdf. Acesso em: 30 out. 2021.

RUBIN, Gayle. O tráfico de mulheres: notas sobre a economia política do sexo. *In*: REITER, Rayna (org.). **Toward an anthropology of women**. New York: Monthly Review Press, 1975.

_____. **Pensando o sexo:** notas para uma teoria radical das políticas de sexualidade. Tradução: Felipe Bruno Martins Fernandes. 1985. Disponível em: https://repositorio.ufsc.br/bitstream/handle/123456789/1229/rubin_pensando_o_sexo.pdf. Acesso em: 12 nov. 2020.

SAGGESE, Gustavo Santa Roza. Quando o armário é aberto: visibilidade, percepções de risco e construção de identidades no *coming out* de homens homossexuais. *In*: Fazendo Gênero — Corpo, Violência e poder, 8, 2008, Florianópolis. **Anais do Fazendo Gênero 8**. Florianópolis, Santa Catarina: UFSC, 2008, pp.1-7.

SAKAI, Marina. Negra, drag queen, prostituta e ativista: Marsha P. Johnson, um símbolo da luta LGBTQ+. **Grupo Perfil — UOL**. 28 jun.2021. Disponível em: https://rollingstone.uol.com.br/noticia/negra-drag-queen-prostituta-e-ativista-marsha-p-johnson-um-simbolo-da-luta-lgbtq/. Acesso em: 14 mar. 2021.

SANTANA, Marinalva. SENALE/SENALESBI: 20 anos de luta e desconstrução do machismo, do racismo e da LBfobia. **Blogueiras feministas**. Publicado em 31 ago. 2016. Disponível em: https://blogueirasfeministas.com/2016/08/31/senalesenalesbi-20-anos-de-luta-e-desconstrucao-do-machismo-do-racismo-e-da-lbfobia/. Acesso em: 12 nov. 2020.

SAUNDERS, Tanya. L. Epistemologia negra sapatão como vetor de uma práxis humana libertária. **Revista Periódicus**, n. 1, v. 7, 2017, pp. 102-116. Disponível em: https://periodicos.ufba.br/index.php/revistaperiodicus/article/view/22275. Acesso em: 27 nov. 2020.

SCOTT, Joan Wallach. Gênero: uma categoria útil para a análise histórica. **Educação e Realidade**. Porto Alegre, v. 16, n. 2, pp. 5-22, jul./dez. 1990.

SCOTT, Joan Wallack. A mulher trabalhadora. *In*: FRAISSE, Genevieve; PERROT, Michelle (orgs.). **A história das mulheres no Ocidente:** o século XIX. Tradução de Maria Helena da Cruz Coelho, Irene Maria Vaquinhas, Leontina Ventura e Guilhermina Mota. Porto: Afrontamento; São Paulo: EBRADIL, 1994. pp. 443-475.

SILVA, Ariana Mara da. **Griôs Sapatonas Brasileiras e Lampião da Esquina:** o contraste das questões de gênero, raça e sexualidade na fonte oral e na fonte escrita. 2015. 113f. Trabalho de Conclusão de Curso (Graduação em História-América Latina) — Universidade Federal da Integração Latino-Americana, Foz do Iguaçu, 2015. Disponível em: https://scholar.google.com.br/citations?view_op=view_citation&hl=pt-BR&user=XnI5hiQAAAAJ&citation_

for_view=XnI5hiQAAAAJ:W7OEmFMy1HYC. Acesso em: 25 mar. 2021.

SILVA, Cidinha da. **Crônicas**. Belo Horizonte: Mazza Edições, 2006.

SILVA, Marina Maria Teixeira da. **A identidade e a vivência da maternidade lésbica negra em Recife-PE**. Dissertação de Mestrado (Direitos Humanos) – Universidade Federal de Pernambuco. Recife, 2017.

SILVA, Petronilha Beatriz Gonçalves. Chegou a hora de darmos à luz a nós mesmas: situando-nos enquanto mulheres negras. **Cadernos Cedes**, v.19, n.45, p.7-23, jul,1998. Disponível em: http://dx.doi.org/10.1590/S0101-32621998000200002. Acesso em: 7 ago. 2021.

SILVA, Vitória Régia. No Brasil 6 mulheres lésbicas são estupradas por dia. Gênero e Número. 22 ago.2019. Disponível em: https://www.generonumero.media/no-brasil-6-mulheres-lesbicas-sao-estupradas-por-dia/. Acesso em: 24 jan.2021.

SILVA, Zuleide Paiva da. **"Sapatão não é bagunça":** estudo das organizações lésbicas da Bahia. Salvador, 2017. 382f.

SILVIA, Daniele Andrade da. **Enfim Mães!** Da experiência da reprodução assistida à experiência da maternidade lésbica. Dissertação de Mestrado (Psicologia Social) – Universidade Estadual do Rio de Janeiro. Rio de Janeiro, 2013.

SIMAS, Luiz Antônio; RUFINO, Luiz. **Fogo no mato:** a ciência encantada das macumbas. Rio de Janeiro: Mórula, 2018.

SOARES, Gilberta Santos. **Sapatos tem sexo?** Metáforas de gênero em lésbicas de baixa renda, negras, no nordeste do Brasil. Tese

(Doutorado em Estudos Interdisciplinares) – Universidade Federal de Salvador, Salvador, 2016.

SOARES, Mayana Rocha; BRANDÃO, Simone; FARIA, Thaís. (Orgs). **Lesbianidades Plurais:** abordagens e epistemologias sapatonas. Salvador: Devires, 2019.

SOMÉ, Sobonfu. **O espírito da Intimidade**: Ensinamentos ancestrais africanos sobre maneiras de se relacionar. São Paulo: Odysseus, 2007.

SOUZA, Neusa Santos. **Tornar-se negro:** as vicissitudes da identidade do negro brasileiro em ascensão social. Rio de Janeiro: Edições Graal, 1983.

SOUZA, Simone Brandão. **Lésbicas, entendidas, mulheres viados, ladies:** as várias identidades sexuais e de gênero que reiteram e subvertem a heteronorma em uma unidade prisional feminina da Bahia. Tese (Doutorado em Cultura e Sociedade) – Universidade Federal de Salvador, Salvador, 2018.

TEIXEIRA, Analba; SILVA, Ariana; FIGUEIREDO, Ângela. Um diálogo decolonial na colonial cidade de Cachoeira/BA. Entrevista com Ochy Curiel. **Cadernos de Gênero e Diversidade**. v. 3, n. 4, out./dez. 2017.

THEODORO, Helena. **Mito e espiritualidade:** mulheres negras. Rio de Janeiro: Pallas, 1996.

VANCE, Carole. A antropologia (Re)descobre a sexualidade. **Revista Physis**, Rio de Janeiro, v. 5, n. 1, 1995.

WEEKS, Jeffrey. O corpo e a sexualidade. *In*: LOURO, Guacira Lopes *et al*. **O corpo educado. Pedagogias da sexualidade**. Tradução: Tomaz Tadeu da Silva. 2.ed. Belo Horizonte: Autêntica, 2000.

WELCH, Liz. WTsiTsi Tiripano (3 de agosto de 1967 - vivo) Zimbábue. **Matt & Andrej Koymasky Home - The living Room**. 1 nov. 2004. Disponível em: http://andrejkoymasky.com/liv/fam/biot2/tiripa01.html. Acesso em: 23 dez. 2021.

WERNECK, Jurema. Racismo institucional e saúde da população negra. **Saúde e Sociedade**, São Paulo, v.25, n.3, 535-549, 2016. Disponível em: https://doi.org/10.1590/s0104-129020162610. Acesso em: 24 jan. 2021.

Este livro foi composto pelas fontes Calisto MT e Bebas Neue e impresso em julho de 2023 pela Gráfica Piffer Print. O papel de miolo é o Pólen Natural 70g/m² e o de capa é o Cartão Supremo 250g/m².